**吳耀宗**一直所探求的救國方案，確實能反映出百年來中國人心靈內的掙扎，這樣的掙扎直到今天仍然存在。特別在對民主、開放、改革的需求下，這樣的探求必然更深、更廣的被討論和研究……但在現實的社會裏，隨著歷史的演變和政治的變動，我們是否眞能尋索出一套完善的救國理論呢？救國論眞的存在嗎？

**謝龍邑**

此書謹紀念

我所摯愛的二哥興邑(Alexander Tse)，

他在我早年的生命中，

大大影響我成爲信靠　神的人。

# 委曲求全？

## 吳耀宗的生平與救國情懷

**Tolerance For the Sake of Survival ?**

Christianity, China's Reconstruction and Y.T. Wu

By
Ambrose L.Y. Tse

Editor
Mazy M.S. Ng

Cover Design
Denzel Y.S. Leung

Published by
LOGOS PUBLISHERS LTD.
Unit 1011~1012, Fo Tan Ind. Centre
26~28 Au Pui Wan St., Fo Tan
Shatin, N.T., Hong Kong

Distributed by
LOGOS BOOK HOUSE
Unit 1011~1012, Fo Tan Ind. Centre
26~28 Au Pui Wan St., Fo Tan
Shatin, N.T., Hong Kong
Tel: 2687-0331 Fax: (852)2687-0281
Australia: LOGOS BOOK HOUSE
4 Tooronga Terrace, Beverly Hills
2209, N.S.W., Australia
Tel: (02)554-3631
First Chinese Edition, Apr., 1995


PRINTED IN HONG KONG

**委曲求全？**

吳耀宗的生平與救國情懷

原著
謝龍邑

責任編輯
伍美詩

裝幀設計
梁奕山

出版
基道出版社有限公司
香港新界沙田火炭
坳背灣街 26~28 號
富騰工業中心1011~1012室

發行
基道書樓
香港新界沙田火炭
坳背灣街 26~28 號
富騰工業中心1011~1012室
電話：2687-0331 傳眞：(852)2687-0281
澳洲：基道書樓
4 Tooronga Terrace, Beverly Hills
2209, N.S.W., Australia
電話：(02)554-3631
一九九五年四月初版


ISBN 962-457-089-2

本書製作費由恆頌有限公司奉獻支持，
售書收益將撥歸獨立基金，
支持其他屬靈著作之出版。

# 目次

# 梁序

二十世紀初是中國風雲變幻的時代，外有帝國主義的侵凌，內則面對著急劇轉變的社會結構下各種勢力的抗衡消長，及不同的政治羣體為探索中國出路而推動一連串的實驗與革命。在這樣的處境下的中國教會及基督徒，自然遭受劇烈的衝擊與震盪。

由於基督教並非中國本土的宗教，除了少數第二或三代的信徒外，沒有人生下來便是基督徒，或視接受基督教為理所當然的事；成為基督徒總是後天的抉擇，且是一個極不容易的抉擇，因為畢竟在大多數國人眼中，基督教仍是不折不扣的「洋教」嘛。當他們在作皈依的決定時，很難想像可以將其所處的外在環境的因素摒除出去，就是說，他們鮮能無視其中國人的身分、及伴隨著此身分而來的各種命運與責任，孤立地問「基督教可信嗎？我為甚麼要做基督徒？」特別對懷有救國使命感、對時代憂患特別敏感的知識分子而言，最關鍵性的問題乃是：「面對著如斯不堪的社會景況，我為甚麼要作基督徒？基督徒對於改造中國的現況有何啟示或幫助？」基督教的羣體救贖功能（就是說：「基督信仰能救中國嗎？」），對基督徒知識分子而言，要不比個人救贖爲壓倒性，起碼是等量齊觀的。

筆者曾不只一次指出過，二十世紀的中國教會並無眞正的「社會福音派」，那些主張以福音救國的根本與十九世紀末美國盛行的社會福音派並無直接關連；雖然驟眼看他們有某些共同的主張，但骨子裏卻是兩碼子的事。活在二十世紀烽煙四起、民不聊生的中國，再樂觀的人想怕也不會像「進步主義時期」的美國那樣，相信天國可以實現在地上吧！他們之所以積極地參與文化改造、社會建設，與其說是朝向某個由信仰提供的烏托邦理想而奮鬥，不若說是針對著不能不設法營救的社會現實——總不能袖手旁觀、總得做點事吧，而信仰只爲他們提供面對現實的理據與精神動力。用社會福音派的理論來詮釋他們的實踐，必然椽木求魚，難有所得。

同樣地，筆者也不認爲中國教會存在著嚴格意義的基要派與自由派之爭。無疑二十世紀的教會裏，的確很容易讓我們分辨出何者爲基要派，何者爲自由派；但是他們彼此間的爭論處，卻不是「聖經都是上帝所默示的嗎？耶穌基督爲童女所生嗎？」等信仰理論的問題，而是「人能建造天國嗎？基督教在中國的生活中有何地位與功能？」等信仰與救國的問題。在基要派的信徒看來，社會罪惡僅是個人罪性的外在反映，不消滅個人的罪性，社會種種問題也無由得到徹底、治本性的解決；基督信仰是惟一幫助人消除罪性的方法，故傳福音救靈魂也是基督徒對社會最大的（甚至是惟一的）貢獻。但對自由派（社會派）的基督徒而言，社會罪惡非僅是個人的罪的外在反映，卻變成獨立於個人之外的羣體罪惡，故基督徒必須以福音精神來與羣體的罪惡搏鬥，使信仰揭示的理想實現在地上。如此，基要派與自由派的主要分歧處仍在信仰與救國的問題上。

吳耀宗是二十世紀中國教會自由派信徒的其中一個代表人物，無論就其個人皈依基督教的經過，加入青年會從事學生工作與社會改造等運動，早期秉持「唯愛主義」，出於救國考慮而投向共產主義，以至在五、六十年代協助中共政府「改造」

基督教……等生平與事迹，都可以看出上述所說的信仰與救國關係的思考。對他而言，沒有甚麼信仰問題是純粹個人性，而不具羣體意義的。甚至可以說，他對時局轉變關切、對救國手段的追尋等實用主義的考慮，遠遠優先於他對宗教理論的執著；他之由推崇唯愛主義到最終棄如敝屣、由支持國民革命到堅隨共產革命，都反映出這樣的實用主義性格；一切理論都是第二義的，僅用來合理化已選取的革命方略而已。

事實上，對像吳耀宗等迫切以信仰救國的基督徒而言，將信仰徹底功利化，僅用來合理化他們選取的革命方略，是幾乎不可避免的。因為不管他們怎樣修正與重新詮釋基督教，他們都得面對一個冷酷的事實，便是就基督信仰本身，是無法求出一套亟時救民的革命方略來的，頂多是抽象地指出基督精神（如博愛、犧牲、平等、人道主義……）是推動革命不可或缺的動力吧。因此，這羣志切從事社會改造的人，必須假外求地尋索基督信仰以外的革命方略，在二十世紀二〇年代以後，馬克思主義是其中最受知識分子歡迎的一個選擇。由於救國此實用主義的考慮是壓倒性的，社會改造派的基督徒若認定馬克思主義管用，就不會先從理論上判別其是否與他們原來已接受的基督教相諧協，才考慮是否接受，有效的便得採納了。他們先從實用性的角度決定接受馬克思主義，才繼而詢問如何平衡雙重效忠（即同時是基督徒及馬克思主義信徒）的問題；這樣，將兩個原來不相容的信仰體系和諧化，用基督信仰來合理化社會主義革命，便是自然不過的做法。吳耀宗在四〇年代之致力將基督教與共產主義思想接合，泯除雙方的差異，基本上可如是觀。

職是之故，筆者並不認為可以從理論入手，了解吳耀宗等人在二十世紀對時代的實踐與回應，恰好相反的是，我們只能從他們對時局的認識與救國方略的抉擇，來看其如何影響了對基督教或馬克思主義理論的詮釋。經驗對理論的影響，遠較理論對經驗的為大。

吳耀宗是個極具爭議性的人物。在現今中國大陸三自運動的負責人看來，吳氏作爲三自運動的發起人與第一任且長時期的領袖，其地位一如毛澤東之於中國共產黨，是難以被冒犯與貶抑的；任何對吳氏的批評，均被視爲對三自運動的歷史地位的否定。與此同時，海外學者對吳耀宗的評價，也很難不受他們對三自運動，以至整個中共革命的看法影響。因此，在可見的將來，我們都難以視吳氏爲一個單獨的個人，就其思想行動本身來給予恰如其分的評價。這不獨是研究中國教會史才踫到的麻煩，與中國現代史的困難處也無二致。

謝龍邑君爲華人教會中仍屬少數對中國教會史有興趣的年輕學者之一，沈實勤懇，對信仰熱誠、對知識執著，令人擊賞，敢信將來必會在學術研究上有大成就。我在大學時代便與其兄長謝興邑先生過從甚密，此重關係亦使得雖與龍邑君相識仍暫，但情誼卻不太淺。事實上，在他於台北中華福音神學院完成論文回港後，我是最早得以拜閱的其中一位讀者，對其資料搜集的周全，觀點的客觀持平有頗深刻的印象。如前所云，研究這樣一位當代人物，難度可甚高，遇上的困難也大，故可以說是破土性質的工作，成果彌足珍貴。故此得悉此論文能付梓印行後，箇中喜悅實難以描述。惟願其廣爲流傳，共享成果，激發討論，勉勵後進，使中國教會史的研究園地更璀璨生輝。

**梁家麟謹序於香港長洲**
**一九九四年十月十二日**

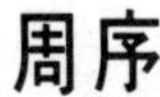

# 周序

吳耀宗(Wu Yaozong)這個名字在一般比較保守的中國基督教會團體裏是一個較不爲人所熟悉的名字，如果有一些人聽過這個名字，他們可能會把他列爲是一個自由派的神學家，甚至是與共產黨同盟的教會領袖。對那些比較保守的中國基督徒而言，他們的英雄會是倪柝聲、王明道、宋尚節或賈玉銘，而吳耀宗就絕不會被奉爲他們的英雄。此種貼標籤式的分類，使我們對歷史傳統的了解造成一種傷害和扭曲。

吳耀宗對中國基督教會的貢獻必須得到其應得的肯定，而他的神學思想也必須受到批判性的詳細研究。吳耀宗可以說是當時時勢所造出來的人物。他沒有迴避當時因政局變遷所帶給中國基督教會的影響，反而願意積極地面對他那個時代的政情與變化。自一九四九年以後，他很主動地與新的政權合作，甚至很願意與馬克思思想對話，並爲中國基督教會在一個社會主義中找到了立足點。他留下了「三自愛國運動」，此運動在今天的中國基督教會裏仍具有影響力，而其所領導的「三自基督教會」仍然成了中國基督教會的代表。這就證明他所作的努力並不枉然。

這本書的價值在於作者謝龍邑先生願意在神學家與歷史學家還未開墾之地作那艱辛挖掘的工作。雖然作者本身的背景是屬於比較保守的基督教會，然而他沒有選擇揮舞那保守旗幟，反而願意與吳耀宗的思想作一批判式的對話。「吳耀宗的救贖觀」（筆按：此書論文時的題目）——此研究豐富了我們對中國基督教會的了解。同時也掀開一些對中國教會神學研究的需要。而最值得嘉許的，是這本書幫助了我們去欣賞中國基督教會的多元；這多元的美是很多研究者所忽略的。

**周學信謹序於**
**中華福音神學院**
**一九九四年十月十九日**

# 自序

七十年代末，正值中國文化大革命(1966－1976)後的中國開放時期，也是中國教會在長期關閉和管轄下，重新對外開放的重要時刻。香港教會面對風潮後的中國教會，在事工上也作出積極的回應。在八十年代初，筆者開始閱讀一些有關中國教會史的書籍，在濃厚的興趣下，漸漸孕育出對祖國、對中國教會的一片情懷。

一九八四年，中英雙方展開有關香港前途的對話，確定一九九七年七月時香港主權將歸回中國政府。與此同時，香港教會在面對中國國內教會之時，有著許多不同的反應和見解，這引起筆者對今日華人教會所面對的問題作出反省和承擔，對國內教會的歷史和其中所引伸出的神學問題更感興趣。

筆者自一九八八年進入神學院後，更深體會到基督教的福音由西方傳入中國後，到二十世紀三十年代的時候，中國教會日漸培育出一羣本地的教會領袖並發展出本色神學的思想。在中國教會風雲四起的時代中，這羣教會領袖有如明星燦耀，在中國教會的天空裏各放異彩，其中對當代中國教會影響深遠者有：王明道先生、倪柝聲先生、宋尚節先生、賈玉銘先生、趙紫宸先生、徐寶謙先生、吳耀宗先生等人。雖然他們的工作與神學各有特色，但他們對基督教信仰的理解多是涉及救贖觀的範圍。這是基於中國教會正面對福音需要廣傳、教會需要本色化，故就個人、社會、以致國家民族而言，救贖觀的探討是刻不容緩的事。另一方面，由於中國人的性格，較重實際，對一些抽象的哲學討論，比較沒有興趣，而救贖觀對當時福音廣傳上有著實質意義，故他們在這方面都作出較為深入的探討。

筆者本欲嘗試就王明道先生和吳耀宗先生的救贖觀，作一比較，因二者所持的觀念和立場在當時都具有非常的代表性，而二者之間又有顯著的差異存在，對中國教會史實具有深遠的影響，但筆者礙於能力、時間和篇幅所限，只能從二者選其一，做較深入的探討和分析，故筆者選取了在中國教會歷史中，深具爭議性，卻又鮮為人所探討的吳耀宗先生，作為本文所探討和分析的對象。事實上，對許多保守的中國教會和信徒而言，吳耀宗先生確是鮮為人知。只是，吳耀宗先生的工作與神學論點在中國教會史中確是不容忽視，他不單是中國教會三自愛國運動的發起人和主要領袖，更奠基了三自教會的基本神學和社會政治立場，成為中國教會政治神學的先驅，使中國教會在共產主義的社會中合法生存。當中的討論涉及社會公義、社會制度、民主自由、政黨、極權政府、多種社會改革和革命的途徑，以至國家和教會(Church and state)的關係模式等多方面的探討。

面對今日中國教會的時代處境，不論何人對吳耀宗先生的觀點認同與否，在此時對他的生平與神學觀點作探索性的了解，相信都有一定的時代意義。特別在中國社會經歷著改革開放的演變，台灣民主進程正飛躍地前進，香港亦處在回歸中國主權的千日倒數之內。我們若能探討如此獨特又重要的一位基督教領袖，觀視其救國情懷如何影響著他的一生，以至中國教會和國家，對今日華人教會的領袖和信徒也許帶來更多的啟迪和反省。筆者以歷史神學的角度，期望能以客觀和不偏不倚的態度，對吳耀宗先生的救贖觀點作深入的探討和分析，盼能透過本文，激起有志研究中國教會史的人士更多的回響和省思。

筆者在撰寫論文時，承蒙周學信老師的悉心指導、關懷，具洞察力的評析以及諸般的鼓勵和忍耐，論文才得以順利完成，特此衷心地致謝。同時，也要感謝康來昌老師、查時傑老師，以扶持鼓勵的心，來審閱論文。在資料搜集方面，特此感謝中國神學研究院圖書館及前講師林榮洪博士，提供吳耀宗的主要著作，及感謝查時傑老師，提供吳耀宗生平的史料。更多謝學妹陳惠玲、徐庸蕙，在文字上對論文詞句的潤飾。尤其感謝天父上帝，賜我最佳的伴侶、我的愛妻——麗貞，自始至終對我的支持，更多次代我謄正草稿，使我更深體驗基督犧牲的愛，論文的完成，其功不可抹。

筆者的論文能出版成書，先要多謝兩位神學工作者，梁家麟博士亦兄亦師，在筆者完成論文回港時，他是最早向筆者借閱論文的學者，並對其中的一些論點提出友善而嚴厲的批評，令筆者受益不淺。周學信博士一直是筆者神學學習的恩師，在他的教導下，不但開闊筆者神學的思維，更使筆者體會到歷史神學當中多元性的美，從而走上歷史神學研究的路上。如此粗文，經兩位學者惠賜序言，使此拙著增添輝彩。此外，筆者在香港中國宣道神學院和神召神學院的教學之時，學生們在課堂上的回應與討論，使筆者能對原論文的錯處作出修改，並使筆者更深的肯定此書的出版的價值僅在於拋磚引玉、激發討論。

而本書能出版問世，更得力於基道出版社蔡桂球社長，不棄如此拙作，讓其出版面世；伍美詩小姐協助編輯校對；胡嘉敏小姐在製作上的協助；會友陳梅珍小姐在詞句上的潤飾等等。筆者在此向他們衷心感謝。此外，恆頌有限公司對本書製作費的奉獻，特此致謝。

書名定為《委曲求全？——吳耀宗的生平與救國情懷》，其中的問號表示對吳耀宗先生的評論，只能留代讀者自己去判斷。筆者只願判斷歷史的上帝繼續賜福中國教會，完成祂的救贖大功。最後將此書獻給每位關心中國教會的基督徒。

吳耀宗
1893-1979

1946 年吳耀宗先生自成都返上海後與夫人楊素蘭醫生 、兒子吳宗素、吳宗蘭合影。

1965年，吳耀宗先生偕夫人楊素蘭醫生攜孫女吳蘭青留影。

1978年11月，吳耀宗先生在上海華東醫院療養時。

# 緒論

## 研究本文的緣起

在近代中國教會史裏，吳耀宗可謂是最具爭議的教會領袖。中國教會史學者查時傑在寫《中國基督教人物小傳》時，對吳耀宗就有以下的引論：

> **在中國教會歷史上，吳耀宗顯然是最備爭議的一位教會領袖；擁護支持他的教會人士，尊崇他是「中國基督教的先知」、「傑出的中國基督徒」、「愛國愛教的典範」、「中國基督徒的楷模」；而責備否定他的教會人士，則斥責他是「披上宗教外衣，爲共黨做特務的」、「社會福音派」、「向共產黨靠攏的」、「不是基督徒」。**[1]

由此可見，中國教會對吳耀宗的評價差異之大，實有天淵之別。吳耀宗之成爲受教會爭議的人物，主要是在一九四九年中華人民共和國成立後，他是全力推動和支持「三自愛國運動」的領袖。**該運動是在中國教會因應當時政局變動下，所形**

**成的一種具新模式的教會，也是今天中共官方所承認惟一合法的基督教會，它的獨特性正在於一個基督教會，如何在一個無神論的共產政權下得以生存並取得合法的地位。**

其實，早於一八七七年的「中國全國宣教會議」中，與會的西教士就已經提出三自的口號，後至二十世紀初，再由中國有識之士如誠靜怡、劉延芳、徐寶謙、吳雷川等人提出中國教會「自立、自養、自傳」的主張，重點在於使中國教會在經濟上，人才上及物力上自給自足，不再依賴西方宣教組織的資助，這可算爲一「本色運動」。但由吳耀宗所領導的「三自愛國運動」，無論在理念和意義上，都甚爲獨特。韓戰爆發後，一九五一年四月中共政府召開「處理接受美國津貼的基督教團體會議」，然後組成「中國基督教抗美援朝三自革新運動委員會籌委會」，推舉吳耀宗任主席。後至一九五四年七月間，中國二百多位基督教會人士在北京舉行第一屆「中國基督教全國會議」，由吳耀宗建議改爲「中國基督教三自愛國運動委員會」，簡稱「三自愛國運動」，或稱「三自會」。「三自會」並非教會名稱，乃是一個組織，一個「羣衆組織」，該組織在中共政府的國務院宗教事務局（成員多屬共黨的統戰部）的協助及指導下活動，把教會力量轉移以配合政府的政策。[2]

在中國共產黨領導下的中國，事實上是實行「一黨專政」。黨的地位崇高無比，「黨大於國」不是一個理論，而是事實，在黨的統戰部之下的機構，實爲協助政府貫徹政策，並且强調「愛國」先於「愛教」，而且愛國的理念不能轉換爲對中國文化和中華民族的認同，而是指向一個共產主義「意識形態」(Ideology)的政黨所領導的中國，難怪丁光訓（即現今三自的領導人）在一九四九年訪問吳耀宗時說：「如果宗教受到壓迫，你也擁護共產黨嗎？」吳耀宗回答說：「是的，我還擁護共產黨，因爲中國之大，宗教無論如何是小小的局部。」[3]

由此可見吳耀宗的政治和宗教立場，是全力支持中共的政策，使這個「三自愛國運動」成了中國教會回應當時政治形勢所出現的一種獨特的「政教模式」。進一步來說，三自會的神學更是建基於吳耀宗的神學思想，特別是他那救贖社會和救贖國家的神學觀念。因吳耀宗强調基督教的社會使命「不單要改革社會，甚至取社會革命的方式來『重建社會』(social reconstruction)」。[4]早在一九三〇年，他就認爲「天國的建立是一個理想的社會制度，在其中經濟貧乏和不公平的事，不再發生，人民享受富裕和平的日子；教會的任務，就是竭力尋求這種理想境界的實現。」[5]直到今日，「三自會」的主要方針和立場，也常引用吳耀宗的神學思想，引導中國教會如何在共產黨領導下的中國，作出適應和貢獻。

基於政治觀點和神學立場的不同，難怪教會對吳耀宗的爭論如此激烈，要對他作出評論實難公允。故此，要理解今日中國教會，特別是「三自會」，就不能不對吳耀宗的救贖觀作出較爲深入的分析與討論，並藉此理解吳耀宗之投入「三自愛國運動」的主要原因和他的信仰本質。

此外，自一九八五年初夏，中英有關香港前途的聯合聲明生效後，香港教會就不能不正視中共政權的存在和回歸祖國的現實。因此要對中國的「政教模式」作出探討，也就不能忽視在吳耀宗的救贖觀點下的「政教模式」。

在面對中國民主運動發展的同時，中國知識分子對基督教的存在價值和救國問題的討論更爲關注。[6]故此，此時對吳耀宗的救贖觀點作出檢視便更爲重要。本文希望透過對他救贖觀點(view of salvation)的研究，從而對當前中國教會的神學現況有所了解，好作出適當的回應，並對這些神學作出反省，豐富信仰的內容。

## 本文的研究方法、範圍

吳耀宗曾寫下不少文章、著作，來闡釋基督教信仰的含義，並藉此對教會、社會的許多現象加以評論。故此本文是用「歷史神學」(Historical Theology)的方法，藉他的著作來歸納他的神學思想。本文的研究將力求客觀，而所謂「客觀」，正如香港中國神學研究院副院長余達心博士，在評論巴特(Karl Barth)時說：「我們更不能憑一些標籤(label)或名號去評定他的功過，也不能因一兩個論點上與他有出入而全面的否定他的神學。我們應該客觀地把握他的系統，有可學習的便學習，有值得批評否定的便批判否定，而不是因他是那一派便將他抹殺。」[7]余達心認爲這種態度應推及任何一位神學思想家，不應因自己的神學立場不同而存著不成熟及偏頗的態度。中國教會史學家梁家麟在評論三自運動期間的宗教人士時，也提出「要是我們不先設定一個二分法的善惡標準，又不預設某種陰謀理論，認定所有參加三自的人皆爲撒但的話；則對此階段不同基督徒的政治和宗教的抉擇的研究，將會更有助我們了解整個三自歷史的眞相。」[8]持客觀的態度，求歷史的眞相，都是本文寫作的態度。

礙於吳耀宗的神學思想所涉及的範圍十分廣泛，故本文只集中闡述和評論其救贖觀點(view of salvation)，藉此縮減研究範圍和貫通他的重要思想。若要理解他的救贖觀念，我們不能單從他的著作中作系統的研究，必須同時顧及他所處的歷史情況。特別是有關吳耀宗的生平、他信主的歷程、事奉經歷和與中國共產黨之間的微妙關係等，都不爲人所熟知，而這些都深深影響著他整個的救贖觀念。故此本文會先從他的生平簡介入手。

一般在探討救贖論(Soteriology)時，我們必須討論以下的三個問題：⑴人類墜落的緣源及其影響何在？⑵基督如何使墜落的人與神復和？⑶這救贖工作如何實踐在墜落的人身上？故此探討吳耀宗的救贖論時，本文先探討他對中國社會問題癥結的看法。其次，則嘗試就其觀點建構一些救國方案的模式(model)來理解他的救贖觀念。

## 撰寫本文的分章、資料來源

本文除了緒論與結論外共分兩部，首論吳耀宗之生平，次論吳耀宗的救贖觀點。第一部共計五章（一至五章），第一章探討吳耀宗信仰尋覓的經過、第二章是尋覓個人服務之地、第三章是青年會工作的經歷、第四章是大時代的洗禮、第五章是中共的同路人。藉此綜觀吳耀宗一生的時代背景對其個人的影響，並如何醞釀其救贖觀。

第二部也共計五章（六至十章），第六章是吳耀宗眼中的中國問題與出路、第七章是對中國教會的反省與批評、第八章是人格救國與改良主義的模式、第九章是唯愛主義與社會改造的模式、第十章是宗教革命與配合共黨的模式。藉此窺探吳耀宗的救贖觀。

本文的資料來源主要來自吳耀宗的著作，請見參考書目。其生平簡介的資料則來自沈德溶所著「吳耀宗小傳」、查時傑所著「吳耀宗(1893－1979)——中國教會史上最備爭議的教會領袖」、盧昭靈所著「吳耀宗的最後歲月」、中國基督教三自愛國運動委員會編《回憶吳耀宗先生》及趙志邦所著「吳耀宗1893－1979」；其救贖觀思想的資料來自吳利明所著《基督教與中國教會變遷》、張月竹所著「吳耀宗先生早期的信仰與思想主張」、沈德溶所著「吳耀宗與唯愛主義」；其餘輔助材料來自有關中國教會近代研究的書籍與期刊、雜誌等。

## 緒論註釋

1. 查時傑：「中國基督教人物小傳，吳耀宗(1893－1979)——中國教會史上最備爭議的教會領袖」，《基督教論壇》（台北：民國77·1·17起連載）
2. 李伯雄：「五十年代的三自運動」，《中國與教會雙月刊》，第八期（1980·3～4），頁5～7。福音證主協會，中國福音事工部編著：《中國教會知多少？》，頁7～8，頁27～29。
3. 丁光訓：「思想不斷更新的吳耀宗先生」，《金陵神學誌》，第十一期（1990·2），頁8。
4. 吳利明：《基督教與中國社會變遷》，頁82～96。
5. Wu Yao-tsung, "How One Christian Looks at the Five Year Movement", *Chinese Recorder,* Vol. 61 (1930), pp.147～148. 參林榮洪：《風潮中奮起的中國教會》，頁74～75。
6. 梁家麟：「當代知識分子對基督教與救國問題的反省」，《中國神學研究院期刊》，第十期，頁27～49。
7. 余達心：「談近代西方神學思潮之十四」，《今日華人教會月刊》（1980·8），頁31。
8. 梁家麟：《福臨中華》，頁189。

# 第一部

## 吳耀宗先生的生平簡介[1]

# 前言

吳耀宗先生於一八九三年十一月四日出生於廣東省廣州市一個非基督教的家庭。時值十九世紀末期，維新改制前後，中日甲午戰爭的失敗，證實了中國自六十年代開始之滿淸自强運動的全盤失敗。加上列强對中國兇猛的侵凌，知識分子無不尋找救國的新方向。其中最爲突出的可算是光緒期間康有爲（1858－1927）的維新改制。一八九〇年初，他在廣州著書立論，聚徒講學，以闡明變法救國之方法，其重要著作之《大同書》於一八八五年著手草擬，一八九三年輪廓已具，史學家郭廷以指出該書主旨在於：

> 發揮天下爲公，人己同權理論與辦法，以期實現理想中的大同世界，即太平也，共同治理，共同生產，共同生活，一切平等。不過目前爲據亂世，只可謂小康，即升平世，應先改革政治，以謀國家的富强。[2]

可惜，維新改制只維持了一百日後，換來的卻是慈禧太后的奪權，加上誤信朝臣的讒言，鼓勵義和團的起事與排外。結果引致八國聯軍揮兵入京，兩宮西狩；淸廷被逼簽署了辛丑和約，並負擔巨額賠款。晚清的腐敗，促使中國走上革命的路途。

# 第一章　信仰尋覓的經過

吳耀宗祖籍廣東省順德縣，父親吳逢敬在廣州開設木材店，由於經營不善家計不裕，加上母親謝氏體弱多病，吳耀宗自小便寄養在外婆家，其間不喜玩耍，沈靜寡言。七歲進私塾，接受「三百千千」[3]之類的傳統教育。十一歲進一所名爲「育才學舍」的學校就讀，該校爲一英籍猶太富翁所創辦，採中英文雙語教學，吳耀宗由此奠下學習英語的基礎。

一九〇八年，他十五歲時在育才畢業，在家人的厚望下投考北京的稅務專門學校，該校又名北京海關書院(Customs College)[4]。他考上之後赴京就讀。（民國二年）畢業後奉派到廣州海關工作，一九一四年調往遼寧省的牛莊海關，一九一七年夏又調回北京總稅務司署的漢文案副稅務司任幫辦，直至一九二〇年九月才辭職，加入北京基督教青年會工作。

在這段求學和海關工作的時期(1908－1920)，他經常思索人生和宇宙的意義。加上民國初年，雖然清帝遜位，建立共和，結束了二百六十七年的外族統治，徹底推翻了帝制。可惜，民國的興起未能給中國帶來安定，反而引起政壇上的不斷鬥爭，破壞了國家的團結及統一。一九一五年間，袁世凱野心未息，意欲重建皇朝，但事未奏功。其後，軍閥割據也導致全國上下分崩離析。加上日本對中國虎視眈眈，終在一九一五年，向中國遞交「二十一條要求」，强奪中國的領土和權益。

這樣的歷史時代使吳耀宗深切體會中國面對的問題，更爲她的前途感到擔憂。他經常思索「在一個充滿痛苦和不安的世代裏，每一個人的責任是甚麼？生命的意義又是甚麼呢？」[5]這期間，他對佛教和儒家都有所探求，他的結論是「在我覺得悲觀的時候，佛教那種解脫的思想是有一定的吸引力的。但是我自己感覺到的道德的責任卻要求一種積極的貢獻……至於儒家的思想，雖然對人的本性有深刻的體認，卻不能給予在痛苦中掙扎的人所需要的希望和力量。」[6]故此他就放棄儒、佛兩方面的追求，而定下許多務實的中國人的人生態度：「責任和命運」，認爲一個人應該盡責，其餘的則聽從命運的安排。但後來他又覺得這樣的生活態度太過消極和悲觀。[7]

此後，他開始對基督教產生好感。辛亥年間(1911)，他首次參加北京基督教青年會舉辦的夏令會，會中講論時事、科學和宗教，使他從過去認爲「耶穌教是迷信，也從未去加以研究」，轉爲「耶教實有可信之理」，宇宙「必有上帝爲造物之主」，基督教更是「導人爲善」的宗教。

吳耀宗在一九一三年稅務學校畢業後等待分配工作期間，多次參加青年會的活動，較爲深刻的是美國穆德博士(Dr. John R. Mott)[8]的一次演講，題目是「青年之嗜欲與惡習慣並其驅逐之法」，其重點在於指出人均無自制力，要戰勝惡習，惟有篤信上帝。他雖深感需要幫助，但對基督教傳統的教義和禮儀仍存反感。後至一九一七年，他調回北京工作，經稅務學校同學徐寶謙[9]的幫助住進青年會宿舍，也成爲該會的會員。期間常聽美國人柯爾森(Colsen)、休邁克(Shoemaker)等人的宗教演講，並時與友人討論基督教教義和閱讀聖經。

到了一九一八年初，他對聖經領悟日深，更在一月十六日的日記中說：「夜讀聖經，至馬太一書大有領悟，如入寶山，如啟智慧之鏡，樂不可言。」其後在一篇「認識耶穌以後的宇宙觀與人生觀」一文記述是次經歷的感受：

> 十一年前在一個美國朋友家裏，我第一次讀到馬太福音五、六、七三章——即平常所謂登山寶訓者……我在字裏行間，隱約見那個說話的人，他的儀容，威嚴而和藹，勇敢而沈默，他的臉上發出慈愛的光輝。我的情感本來是豐富的，兩個人格，經過當時熱烈的接觸，不由得我眼中湧出一股熱淚來——已往的懊悔，現在的安慰，將來的希望，在那一剎那間，都湧到我的腦際，使我不由自主的五體投地，向著那個光輝形象說：「主呀！祢是我的救主。」[10]

此時，他開始「心裏相信」，後至一月二十日至二十五日，美國人卜克門(Frank Buchman)[11]來華佈道，吳耀宗欣然前往，更在其呼召悔改與認罪之時，公開的「口裏承認」。同年四月，美國青年會同工艾迪博士(Dr. Sherwood Eddy)[12]來華佈道，在十二日佈道會上立志「受洗入教」，後參加公理會(Congregational Church)米市教會開設的查經班，五月三十一日通過信德口試，於六月二日在魏爾德牧師(Rev. G. D. Wilder)施洗後正式加入該會成爲會友，時年二十五。

受洗之後，吳耀宗有著多方改變，他在日記上寫著：「以前種種憂慮、畏懼、悲觀之心，如日光下之雪，幾盡溶化。」又說：「今覺前途無限光明，無限快樂，蓋得我基督耶穌爲暗世之光，爲迷途之導。」[13]他更認定此次洗禮對其個人意義非凡，爲一生轉機之年。其後去信女友楊素蘭女士，因楊女士同爲信徒，回信以「盡心、盡性、盡意愛主」，彼此互勉。

## 第一章註釋

1.有關吳耀宗先生生平的著作不多，到目前爲止未見一本較完整的專書。只見一些簡介性的文章，較具代表性的有下列幾份：

(1)Wu Yao-tsung, *Biographical Dictionary of Republican China (BDRC)*, Howard Boorman ed., Ⅲ. (N.Y.: Columbia University Press, 1967), pp.457～460.

(2)譚偉康：「中國基督教三自愛國運動的保姆——吳耀宗小傳」，《中國與教會》，第七期（1979・11～12），頁6～9。

(3)趙志邦：「民國人物小傳——吳耀宗」，《傳記文學》，第五十四期第一冊（民國79・1），頁146～150。

(4)沈德溶：「吳耀宗小傳」，《天風》（1985）：第四期，頁20～25；第五期，頁25～26；第六期，頁23；第七期，頁19～20；第八期，頁20～21；第十期，頁22～23；第十二期，頁19～20。（1986）：第一期，頁21～23；第二期，頁14～15；第三期，頁20～21；第四期，頁17～19；第五期，頁15～17。

(5)查時傑：「中國基督教人物小傳：吳耀宗(1893－1979)——中國教會史上最備爭議的教會領袖」，《基督教論壇》（台北：民國77・1・17起連載）。

(6)盧昭靈：「吳耀宗的最終歲月」，《景風》，第七十二期（1982・12），頁33～39。

2.郭廷以：《近代中國史綱》，頁312。

3.所謂「三百千千」爲中國傳統教育下的入門課程，是三字經、百家姓、千字文、千家詩等四本啟蒙書的簡稱。

4.該校隸屬清朝海關總稅務司，爲一政府機構，由英人赫德(Robert Hart)所創辦，並由他長期負責指揮與調度其人事與運作，而清廷沒有指揮運作之權。故成一畸形的政府機構，被中國同胞視爲帝國主義列强轄制中國財政經濟的一個活生生樣板，形象十分惡劣。

任職該校教師的多爲外籍人士，主要是訓練海關工作人員。而當時海關工作被俗稱「金飯碗」，意思是指工作人員待遇好，工作有保障，並有一份可觀的退休金。參查時傑：「吳耀宗」（一），《基督教論壇》（台北：民國77·1·17），頁2。

5.吳利明：《基督教與中國社會變遷》，頁75。

6.所引吳耀宗語，參吳利明：《基督教與中國社會變遷》，頁75。

7.吳利明：《基督教與中國社會變遷》，頁75。

8.穆德博士(Dr. John R. Mott 1865－1955)早年畢業於美國康耐爾大學，是一位富有組織力和親和力的北美基督教學生運動的領袖。二十年代任青年會(Y.M.C.A.)國際委員會祕書和多個學生宣教運動的領袖。參 J. C. Brauer ed., *The Westminster Dictionary of Church History*, p.577.

9.徐寶謙（1892－1944）生長在一個嚴格的傳統家庭。艾迪(Sherwood Eddy)和穆德(John R. Mott)來華宣教時，直接影響他對基督教的印象。一九二一年，徐氏留學美國，就讀於紐約協和神學院和哥倫比亞大學；返國後在燕京大學教授宗教與哲學。一九三〇年徐氏任世界基督教學生同盟幹事；一九三三年獲哥倫比亞大學哲學博士，論文題目是"Ethical Realism in Neo-Confucian Thought"。徐氏在二十年代對教會具有相當影響力，並全力推動唯愛社的博愛思想，他的文章屢載於《生命月刊》、《眞理與生命》和《教務雜誌》。抗日時徐氏在車禍中喪生。參蕭楚輝：《奮興主教會》，頁22。

10.所引吳耀宗語，參吳利明：《基督教與中國社會變遷》，頁76。出自吳耀宗編：「認識基督教以後的宇宙人生觀」，《我認識的耶穌》，頁75。

11.卜克門(Frank Buchman 1878－1960)一九八一年到中國來，在北平舉行多次所謂家庭集會(house party)，主要是宗教性的分享。卜氏回美國後發展牛津運動(Oxford Group Movement)，後來成爲一世界性運動，其主要口號爲「絕對的誠實，絕對的愛，絕對的不自私，絕對的清潔」，在社會的口號爲「改變個人，以改變世界」。該運動與唯愛主義運動性質十分相似。可參吳耀宗，「三十年來基督教思潮」，《黑暗與光明》，頁196。

另參 J. C. Brauer ed., *The Westminster Dictionary of Church History*, p.138.

12. 艾迪博士(Eddy, Sherwood 1871－1963)爲北美基督教宣教士，十分强調基督教信仰與生活的關係。任北美基督教青年會東亞巡迴幹事時，曾於一九一一至一九一八年間四度來華，其講道的情況均在全國引起熱潮。以第三次爲例，共在十二個城市主持佈道大會，參加者達十二萬人次之多，其中不乏赴會二至三次者，當中多爲非信徒，確實帶來中國教會部分復興現象。參J. C. Brauer ed., *The Westminster Dictionary of Church History.* p.289.

另參戴偉良：「艾迪播道始末記」，《中華基督教會年鑑》，卷二（1915），頁119～128。

13. 查時傑：「吳耀宗」（四），《基督教論壇》（台北：民國77·2·14），頁2。

# 第二章　尋覓個人服務之地

吳耀宗歸信基督教後，更積極參與青年會的活動，工餘之暇還到各中學講述自己信教的緣由，深得青年會同工的重視。一九一九年負責學生部的美籍幹事柴約翰邀請他加入青年會工作，惟其家人極力反對，以經濟爲由加以阻難。次年春天，徐寶謙因赴美留學，再度請他加入學生部工作，至終克服困難，於是年九月辭去俗稱「金飯碗」的海關工作，十一月正式上任他一生中最久的新工作。他在日記中記述：「今日心中頗覺愉快，因得上帝之引導幫助，使我勝過一切困難，得辦多年心中志願之事，以後當盡心盡意盡性爲彼忠僕。」[1]據鄧裕志回憶說：「**他信仰上帝的初衷就是對人生的追求要符合上帝的旨意，上帝的旨意不是要人追求名利，追求物質的享受。人生在世，要有高尚的追求。」[2]此時吳耀宗十分認同青年會以「人格救國」的精神。**

在吳耀宗任職青年會初期，一九二一年三月有一次與同事柴約翰、胡篤生談論中國時局及解決之法時，柴約翰主張用較爲激烈的方法，來改組當時的政府。吳耀宗雖然同意時局太壞，政府無力，但卻主張培養道德的領袖，提倡民衆覺悟的運動，不主張動刀弄槍去殺人，因爲他認爲「耶穌在世的時候不曾這樣做，我信他現在也不主張我們這樣做……要用基督的精神，舉起基督的大纛（編按：古代軍隊裏的大旗），爲我們國民的自由人格而戰爭。」[3]可見當時他選擇以基督教信仰那種和平與非戰的思想來解決國家面對的困難。

另外在當時的北京，有一些外國和中國的教會人士，組成一個名爲「和解團契」(The Fellowship of Reconciliation)又名「唯愛社」的小團體，該團主張以耶穌之愛爲一切行事之標準，反對戰爭。吳耀宗認爲其主張深合他意，乃於一九二一年加入該團並積極投入其中的活動，該團體的中文宣言就是他起草的。是年八月二十五日，結束青年會的夏令會後南下廣州，與楊素蘭女士結婚，由莫壽增牧師主禮，婚後不久回京開始新家庭的生活。其後，他更全心投入青年會的工作。

一九二二年，「第十一屆世界基督教學生同盟大會」定於四月四日至九日假北京的清華大學舉行，由於大會規模龐大，青年會各位幹事更須積極籌備。是年二月，「青年會學校部」主任柴約翰牧師將要返美，經董事會決議該職位由吳耀宗接任，任期一年。四月該會順利召開，代表來自三十四個國家，共七百多人參加。同盟會總幹事穆德博士(Dr. John R. Mott)聲稱此次會議的目的是「要體現並强調全世界基督教在精神上的團結……會議的任務是要擴大基督教世界性的精神。」[4]

大會主題是「基督與改革」(Christ and Reconstruction)，其中最引人注目的題目是「基督教與資本主義」。講道內容指出資本主義的發展會招致各種社會的流弊，教會應當設法改善社會的結構及人民的生活。大會上也有研究有關戰爭的問題，指出世上各民族都生而平等，應當和平共處；戰爭和挑釁的行爲並不是解決國際糾紛的途徑，防止其發生是各民族的責任。[5]這次大會得以順利舉行並圓滿結束，其功勞應歸屬吳耀宗爲首的各青年會同工。但是當此屆「世界基督教學生同盟大會」將在中國北京清華大學開辦的消息傳出來後，上海方面就掀起一個「非基督教學生同盟」，後來又擴展成「非宗教大同盟」，引起一片全國反教的情緒與活動。[6]

在此反教風潮仍餘波盪漾之時，穆德與吳耀宗又參加在上海舉行的「基督教全國大會」，大會主席由誠靜怡牧師[7]擔任，大會總題爲「中國教會」。與會人士，幾乎網羅了全國各宗派、各教會機構，以及中西同工共達一千零八十五人，本地代表超過半數（爲中國教會同工首次超過）。會上最强調的是要建立一個「彼此聯繫與互相合作」的中國教會。不單在行政組織上脫離西差會的影響與控制，甚至解釋與傳授教義也應顧及中國民族的精神遺產，力求達到教會中國化及神學本色化。更重要的是在當時政治社會動亂之中，大會向社會人士力證將竭力合作參與國家重建的事業。[8]

吳耀宗經過兩次教會界的盛會，加上五四新文化運動的衝擊，其所服務的對象又是最爲前進的青年學子，自然有著深邃的反省與體認，更多的思索教會的步伐應當如何調整，以適切當時國家與社會的需要。

一九二二年初，吳耀宗與一批同道共創「眞理社」[9]，並出版《眞理週刊》，其目的在於：「批評並研究教會中各種問題，以及發表對政治、社會的主張。」[10]後因經濟和編輯的困難，遂與一提倡基督教新思潮的《生命月刊》合併成《眞理與生命半月刊》。

一九二三年吳耀宗在青年會任期屆滿，經董事會決議留任並保送出國留學。於一九二四年八月下旬順利搭乘傑弗遜總統號郵輪，由上海往美國紐約的協和神學院(Union Theological Seminary)進修，並在哥倫比亞大學(Columbia University)選修部分課程。最後在一九二七年以「詹姆斯威廉的宗教信仰論」(William James' Doctrine of Religious Belief)爲題的論文取得碩士學位。

在美三年，吳耀宗不單在暑假工讀賺取費用以供廣州老家所需，更利用空閒，到各教派和教會體驗並觀察美國的宗教現象與生活，同時也應中外教會之邀，介紹中國的近況及教會的情形。一次在美以美差會的傳教研討會上，更強調要走出一自立的中國教會，批評西差會的做法，主張停止差派傳教士，改爲交換講師或幹事，以便培養中國教會的領袖人材。

另外，他對中國的國事與近況也甚爲關注，不論是「五三慘案」或「三一八慘案」[11]他都付出實際行動來聲援國內各種反帝國主義運動。期間，也積極參加美國「唯愛社」的活動，參觀了多家商會和工會，又訪問了不少貧民飯館、夜間服務所、半夜講道所。其後他寫道：「美國人自誇美國爲世界上最富的國家，而不知繁華之紐約城中竟有如此苦況也。」[12]

一九二五年九月，楊素蘭女士也自費來美在德露神學院進修。期間吳耀宗多次聽艾迪博士演講，講述他個人的宗教經驗，艾迪本人坦承他受了美國宣傳「社會福音」的饒申布士(Walter Rauschenbusch)的影響，强調宗教的社會意義。艾迪說：「我們的事工並不單單在乎贏得或改變個人，而是在乎使整個的生活靈性化。」[13]

總之，留美三年，他雖失去親身體驗國內北伐統一過程的機會，但卻帶給他在神學思想及人生觀的看法上，都有新的啟發與改變。

## 第二章註釋

1. 查時傑：「吳耀宗」(四)，《基督教論壇》(台北：民國77·2·14)，頁2。
2. 鄧裕志：「基督教界的傑出的思想家吳耀宗先生」，《回憶吳耀宗先生》，頁66～67。
3. 查時傑：「吳耀宗」(五)，《基督教論壇》(台北：民國77·2·21)，頁2。
4. 江文漢：「吳耀宗——中國基督教的先知」，《回憶吳耀宗先生》，頁22。
5. 林榮洪：《風潮中奮起的中國教會》，頁132。
6. 同上書，頁130～143。
7. 誠靜怡牧師：早期在天津倫敦傳道會(London Missionary Society)所辦的神學校念書，在一九〇三至一九〇八年間曾到英國協助聖經繙譯工作。一九一〇年世界宣教會議在蘇格蘭愛丁堡召開，誠氏以中國代表身分參加，繼任中華續行委辦會書記至一九二二年。其後，誠氏任全國基督教協進會總幹事。一九二七年，他被選爲中華基督教會全國總會主席。誠氏一生，對本色教會運動竭盡其力。
   參林榮洪：《風潮中奮起的中國教會》，頁85。
8. 林榮洪：《風潮中奮起的中國教會》，頁92。
9. 「眞理社」，爲當時北京一個小團體，爲要出版一份名爲《眞理週刊》，以回應五四運動所帶來的衝擊，加强中國教會本色化，中國化。故成員與經費均由國人負責，堅持自立更生。可參查時傑：「吳耀宗」(七)，《基督教論壇》(台北：民國77·3·27)，頁2。
10. 查時傑：「吳耀宗」(七)，《基督教論壇》(台北：民國77·3·27)，頁2。
11. 「五三慘案」：在上海虹口發生的流血事件，起因上海一所日本棉織廠的勞資糾紛，引起工人和學生示威遊行，並列隊進入公共租界之內，遭英警開槍掃射，造成十多二十人傷亡，引起國內外反帝國主義運動。

「三一八慘案」：一九二六年三月十八日，在北京發生，起因北京地區遊行隊伍與段祺瑞領導的北洋政府軍發生衝突，結果軍隊開槍，打死十七位學生，十六位學生受傷。參林榮洪：《王明道與中國教會》，頁60～61。另參查時傑：「吳耀宗」（八），《基督教論壇》（台北：民國77·4·10），頁2。

12. 查時傑：「吳耀宗」（八），同上註。

13. 江文漢：「吳耀宗——中國基督教的先知」，《回憶吳耀宗先生》，頁37。

# 第三章　青年會工作的經歷

一九二七年八月十一日，吳耀宗取得碩士學位後，即與妻子楊素蘭醫師由紐約返國。九月十日安抵上海，稍作安頓後即就任於基督教青年會全國協會校會組幹事之職務。[1]該會總幹事爲余日章，校會組主任顧子仁。在任期間，經常旅行，參加各處基督教學校的各種聚會。多向青年講述自己的信主經過，並當時政局的問題。如一次以「愛的創造」爲題，親述如何實現愛的社會。期間，他走遍大江南北，關內塞外，眞可謂風塵僕僕，更在青年會中組織一個以關心「社會改造」的問題爲主旨的團契。

此外，他也積極參與「中國基督教學生運動」[2]的整合與推展的工作。該「學運」的宗旨原爲：「本耶穌基督的精神，創造青年團契，建立健全人格，實行革命，謀民衆生活的解放與發展。」往後因政局變化，即南京政府加緊「清黨」活動，而宗旨中的「實行革命」的字眼因過於矚目與敏感故被取消。[3]吳耀宗認爲學運本於宗教信仰所出來的整個生活，這個生活的一個特質就是「解放」，而所謂「解放」就是「重生」，他提出「人生充滿著『惑』、『擾』、與『懼』，所以我們需要解放。」[4]

一九二七年十二月十二日中國共產黨在廣州發起的動亂，兩天後即被國軍所平息，其後吳耀宗撰文題爲「共產黨爲甚麼拚命與我們搗亂？」可見當時的他較認同與支持政府。其實在事前雙十國慶的慶祝活動裏，他讚歎的說：「北伐告成後之第一次國慶，人民之歡躍如此固其宜也。」[5]可見，他對共產黨的不滿，完全是基於其作法與手段有違唯愛主義的思想。[6]他曾寫過「但如爲共產黨式的革命，則非吾人所欲主張。」[7]

然而他對政治的態度只停留在一般性的關心，此時他較爲關懷教會在社會中整個生活的表現與貢獻。基於他的唯愛理想，更在該年起接替美人羅天樂擔任《唯愛》這刊物的編輯。甚至面對一九三一年的「九一八事件」，他也以唯愛思想結合非暴力的方式發起「不合作運動」[8]，在上海青年會全國協會的夜舍區「號稱『青莊』之地」組織了一個「不合作運動團」，可是效果不甚理想，只有一次活動。

然而不久他的唯愛思想又開始動搖，[9]事因一九三二年的「一二八事變」後，對國軍捷報的興奮，日軍敗績的痛快，他已漸從理論與現實上主張非武力抵抗轉變爲理論上要堅持唯愛，但在實際上同情、精神上援助那些以武裝抵抗侵略的人士。[10]只是他還堅持「不合作爲最有效的利器」。[11]其後，吳耀宗在上海更積極投身難民救濟的工作，夫妻二人參加了當時由教會人士朱懋發等人所組織的「上海民衆前敵將士慰勞會」。[12]

但在一九三三年日軍侵略東北三省後，又向熱河進攻，使他更深切的反省戰爭的問題。**最後在「兩害相衡突取其輕」的想法下，他「不能不相對的贊同」，武力抵抗是最有效的辦法。**[13]而在理論方面，**他更把「唯愛」與「革命」兩個極端的思想與理念，熔鑄於一爐。**[14]又在上海組織「東北社」。該團宗旨爲「收復東北失地，解放中國民族。」[15]可見他的主張已傾激進。此外十一月在廣州的一次以「唯愛主義與社會改造」

爲題的講道中，他比較基督教與共產主義，雖然對共產主義有所貶抑，但也略帶有肯定其理想之意。他更反對視共產主義爲「洪水猛獸」，視共產黨員爲「匪」加以武力來消滅的思想。[16]可見，這段時期，他對理論上的唯愛已顯出動搖。

其後一九三五年吳耀宗到過「一二八」戰地吳淞炮台觀察後，更表現對武裝抵抗侵略的肯定。[17]此時他對唯愛主義的立場更爲崩潰。延至一九四八年他更明確的指出唯愛主義只能應用在個人信仰上，「但如果認爲世界和平可以完全用愛的方法來獲致，那實在是一個空想。」[18]隨後一九五一年，他的一篇名爲「共產黨教育了我」的文章中，聲言自己不再是一個唯愛主義者，更指出唯愛主義只是帝國主義用來侵略的痲醉工具。[19]

一九三五年吳耀宗在上海參加了「救國會」與陶行知所創辦的「國難教育社」。在此之前，他因對共產主義的恐怖手段、殘忍方法與其唯愛主義相違背而加以反對，但對共產理想未全然否定。在「救國會」期間，他開始進一步的接受共產主義。[20]

一九三六年底，吳耀宗應美國基督教青年會全國協會之邀，赴美講學，主講多是有關中國問題與上帝觀的論題。在美期間，他曾寫信回國正式向唯愛社書記Anna Z. Moffet提辭主席一職。一九三七年七月轉往英國牛津，參加世界基督徒大會，主題爲「生活與工作」，同時又參加了「基督教青年世界協會會議」和「世界基督教學生同盟」的執行委員會議，此刻正値「七七事件」發生後。八月他再度赴美，進入紐約協和神學院進修，曾接受尼布爾(Reinhold Niebuhr)的教導，對其影響較深的則是杜威的實驗主義。他於一九三八年一月完成考試，其論文爲“Tension Between Perfectionism and Realism in the Thought and Life”。

一九三八年吳耀宗返國在青年會改任出版部主任，擔任文字宣傳的工作，計劃出版一套《非常時期叢書》，共計三十本，分作三類：（一）國難類、（二）基督教徒從信仰與生活類、（三）基督教思想潮說。由國內教會領袖及教外人撰寫，對當時的中國教會均有影響。另外又與教外人士自費組織「復社」，從事出版工作，其中有斯諾的《西行漫記》和《魯迅全集》等。前者作者爲一名記者，書中對中國共產黨寄予同情；後者更是思想左傾的作家。

一九三八年五月，吳耀宗離開上海租界地，往中國內地訪問青年會，訪問廣州、長沙及漢口。在長沙期間，他經人介紹會晤了當時第十八集團軍的駐湘代表徐特立，交換了基督教與共產主義等問題，交談良久。後在漢口，本擬去拜訪當時擔任十八集團駐漢代表以及國民政府軍事委員會政治部副部長周恩來。後來周恩來與另一位共產黨員吳玉章都認爲吳耀宗「富有正義感，忠誠於自己的職責。」[21]主動的在五月二十日到青年會，與他討論了宗教、抗戰、同期合作、中國革命與蘇聯清黨等問題，在這次「頗有意味」的會晤中，吳耀宗就開始了與中國共產黨高層人士們的首次接觸。

同年十一月，他代表中國基督教會，前往印度的馬德拉斯(Madras)，出席國際宣教協會會議(Conference of the International Missionary Council)，此次大會使他對基督教信仰的本質與啟示權威的問題加以再思。會後更前往拜會印度和平主義者——聖雄甘地(Mahatma Gandhi)，他更請教甘地關於「**非武力主義如何應用於國際關係的問題**」，**所得的回答則是「非武力主義須由內心自發，基於對上帝信仰，如果採用非武力的手段而自己不感到更剛強，那還不如採用武力。**」[22]

一九三九年初，吳耀宗回到已成爲孤島的上海租界地，繼續青年會的服務，更參加了由宋慶齡(1892－1981)所發起的「保衞中國大同盟」上海分會擔任委員，該會舉辦各種形式的聚餐爲「黨（共產黨）領導的『八路軍』、『新四軍』」募捐醫藥費用，對各時事問題進行意見的交換。吳耀宗更組織了一個對外不公開的愛國團體，名爲「民社」，要在中國提倡實行民主政治。吳大琨回憶時提到一次民社聚會中，吳耀宗請了一位客人來作報告，他正是「黨派在上海的領導劉少文同志。這時我才意識到原來耀宗先生早已經和地下黨組織有了聯繫。」[23]可見此時，吳耀宗與共產黨的關係已甚爲密切了。

## 第三章註釋

1.青年會「全國協會」的組織情況可參查時傑：「吳耀宗」（九），《基督教論壇》（台北：民國77．4．17），頁2。

2.「中國基督教學生運動」的整合情況可參查時傑：「吳耀宗」（十），《基督教論壇》（台北：民國77．4．21），頁2。

3.江文漢，「吳耀宗——中國基督教的先知」，《回憶吳耀宗先生》，頁26。

4.同上，頁26。

5.沈德溶，「吳耀宗小傳」，《天風》，第十期（1985），頁22～23。

6.唯愛主義主張人類一切關係都應以愛為原則，故此反對任何形式的暴力行為。

7.所引吳耀宗語，參查時傑：「吳耀宗」（十一），《基督教論壇》（台北：民國77．5．1），頁2。

8.「不合作運動」的內容可參查時傑：「吳耀宗」（十二），《基督教論壇》（台北：民國77．5．8），頁2。

9.吳耀宗唯愛思想的轉變，可參沈德溶：「吳耀宗與唯愛主義」，《天風》，第九期（1989），頁8～11。

10.吳耀宗，「上海事件與唯愛主張」，《社會福音》，頁85～90。

11.查時傑：「吳耀宗」（十二），《基督教論壇》（台北：民國77．5．11），頁2。

12.查時傑：「吳耀宗」（十四），《基督教論壇》（台北：民國77．5．22），頁2。

13.沈德溶：「吳耀宗與唯愛主義」，《天風》，第九期（1989），頁9。

14.Wu Y. T., "Reconciliation and Revolution", *Chinese Recorder,* Vol. 65, pp.300～3.

15.沈德溶：「吳耀宗與唯愛主義」，《天風》，第九期（1989），頁10。

16.吳耀宗：「唯愛主張與社會改造」，《社會福音》，頁107。

17.沈德溶：「吳耀宗與唯愛主義」，《天風》，第九期（1989），頁10～11。
18.吳耀宗：「三十年來基督教思潮」，《黑暗與光明》，頁197。
19.吳耀宗：「共產黨教育了我」，《天風》，第二十七期（1951），頁6。
20.同上文。
21.管易文：「懷念知友耀宗先生」，《回憶吳耀宗先生》，頁12。
22.沈德溶：「吳耀宗小傳」，《天風》，第二期（1986），頁15。
23.吳大琨：「我所知道的吳耀宗先生」，《回憶吳耀宗先生》，頁113。

# 第四章　大時代的洗禮

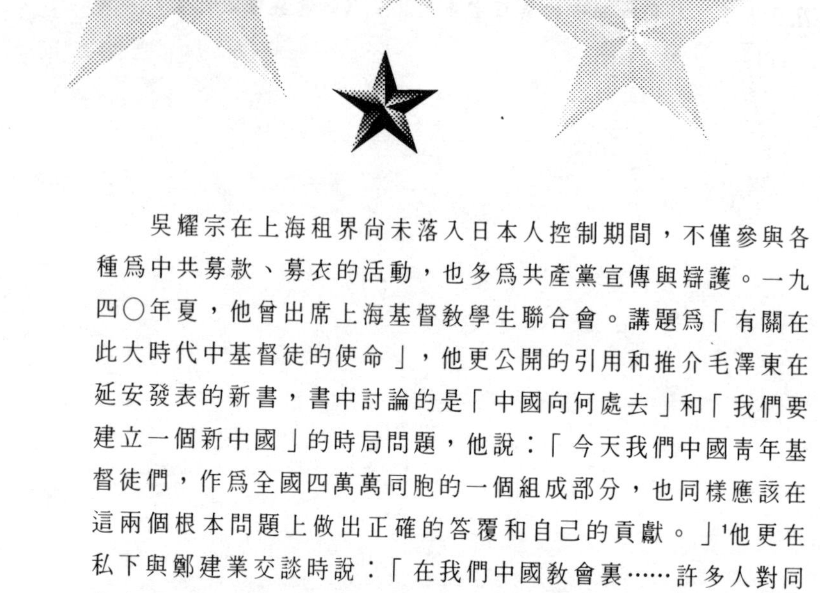

吳耀宗在上海租界尚未落入日本人控制期間，不僅參與各種爲中共募款、募衣的活動，也多爲共產黨宣傳與辯護。一九四〇年夏，他曾出席上海基督教學生聯合會。講題爲「有關在此大時代中基督徒的使命」，他更公開的引用和推介毛澤東在延安發表的新書，書中討論的是「中國向何處去」和「我們要建立一個新中國」的時局問題，他說：「今天我們中國青年基督徒們，作爲全國四萬萬同胞的一個組成部分，也同樣應該在這兩個根本問題上做出正確的答覆和自己的貢獻。」[1]他更在私下與鄭建業交談時說：「在我們中國教會裏……許多人對同共產黨合作還抱很大疑慮，其實，他們對共產黨根本不了解，卻又憑空抱著很深的成見。」[2]可見此時他對中共建國方案的同情與認同的程度已逐漸加深。

一九四一年八月，吳耀宗又應「峨嵋學會」之邀，往四川參加「教師耶穌」的研討會，會議結束時正值太平洋戰爭爆發，上海租界地也被日軍佔領，故此只能獨自一人留在成都，並在美國人費爾朴家中作客。這期間，他除到重慶青年會全國協會開會外，也曾親到重慶曾家岩中共辦事處回拜周恩來，另外大部分時間從事出版事務、寫書和繙譯等工作。

一九四二年一月吳耀宗重譯謝門博士(Dr. Sharman)的《爲人師的耶穌》。他也曾組織基督教作者團契名爲「天心」，後因內部意見不合而終止。同年九月，他更積極推動、組織「基督教聯合出版社」，又編輯了《基督教叢刊》，此時，其神學思想更具社會主義色彩；又因對國民政府感到失望，而大肆批評。同時他的宿疾——也許是肺結核——已日益嚴重，曾在華西新醫院動過手術。後來他又遷到成都基督教華西協和大學文幼章宣教士家中，因此多與青年學生接近，「指點青年如何行動，如何鬥爭」；他更表明其政治觀點：「擁護共產黨，反對國民黨。」[3]一些學生稱呼他爲「松樹伯伯」，稱他的住所爲「民主之家」。[4]

一九四三年五月二十五日，在重慶曾家岩，吳耀宗第三次與周恩來會談，在這之前不久，他正著手調和基督教神學和共產主義哲學，力使二者融會貫通。故此他們倆人的會談中有段頗有意義的交談紀錄，「吳耀宗對周恩來說：『馬列主義和基督教有百分之九十九共同點，儘管在有些問題上有分歧，但無關緊要，最後是可以一致的。』周恩來卻不同意吳耀宗的看法，但强調『不同的世界觀並不妨礙我們爲了爭取和平、民主而共同努力』，還希望和中國基督教『繼續合作，在即將到來的新時期中，爲人民做更多的工作。』」[5]而**他惟一有系統的著作《沒有人看見過上帝》於一九四三年八月完成。書中極力將上帝的信仰與唯物論加以結合，更認爲基督教信仰可與共產主義認同，以達到結合在物質生活上的公義和平等。**[6]

一九四五年二月吳耀宗在成都出版《天風》，有時候也到「周恩來同志在重慶的辦公室訪問，暢談時局」[7]。同年八月，他在峨嵋山參加「載社」的「暑期繙譯會」，而日本於八月十四日，宣布無條件投降，帶來抗戰勝利的喜訊。因交通困難使他延至一九四六年五月十日，才能自成都飛返上海與家人團聚，之後繼續在青年會的出版部服務。工餘之暇，他還投入各界的「民主運動」[8]。吳耀宗更參加了六月二十三日由上海各人民團體聯合會所發動的請願活動，在與軍警衝突時，幸無損傷，史稱「六二三事件」[9]。該請願代表團又拜會了當時來華調停國共內戰的美國使者馬歇爾(George C. Marshall)，吳耀宗曾草擬一份英文「備忘錄」，親交馬歇爾，要求美國停止兵援國軍。在吳耀宗安返回家中時，周恩來立即派鄧穎超到吳府慰問，表示共產黨對他撰寫該份「備忘錄」的工作十分重視。吳耀宗認爲這對他是很大的鼓勵。[10]其後，該團又到梅園新村拜訪中共代表團的周恩來，吳耀宗聽完周恩來的說話後，反應是「十分高興，表示非常信服。」[11]

一九四六年八月，《天風》在上海復刊，《天風》本屬基督教聯合出版社的刊物，後因社中成員意見不合而停刊。到了一九四七年底吳耀宗正式脫離該社，單獨成立「天風社」，由他主導編輯，其中同情與支持中國共產黨的立場更見清晰。因此基督教聯合出版社在一九四八年正式表明不再支持「天風社」的態度。自此吳耀宗出任該社社長與編委會主席，並發表「天風往哪裏吹」一文。其後，《天風》親共的色彩日趨濃厚。

一九四七年中，吳耀宗被邀出任一個一百二十三人代表團的顧問，參加在挪威首都奧斯陸(Oslo)所舉行的「基督教世界青年大會」，並參與英國舉行的「世界基督教青年會」的全體委員會議，還發表一篇「歐遊觀感」，其後又刊出多篇文章，如「從基督教的觀點看現實」，「基督教的時代悲劇」。然而因「基督教的時代悲劇」引起部分天風社的同工强烈不滿，最後導致他在一九四八年五月十九日辭去天風社社長的職位，此事對他的打擊甚重。

一九四八年十二月，吳耀宗與江文漢等人前往錫蘭（斯里蘭卡）參加「世界基督教學生同盟亞洲領袖會議」。吳耀宗與賴耳司(Dr. T. Niles)同爲講員，大會總題爲「基督教學生運動爲基督和祂釘十字架作見證」[12]，他演講了三次專題：福音的意義、上帝的眞理與基督的道路。[13]會後他回到香港，正值國內政局劇變之時，一九四九年一月中共軍隊正式進入北平。正當香港許多國內的教會領袖還在考慮去與留的問題時，吳耀宗顯然已有所決定，反而因他親中共的立場與作風，許多朋友勸他不要回到國民黨活動非常的地方——上海。

正在此時，「中共方面有一位朋友帶來口訊：中共中央希望他馬上到北方去，同他商討關於基督教的一般問題。事實上，就是去參加新政治協商會議籌備會，而吳耀宗毫不考慮的答應了。」[14]後來吳耀宗因事先於一九四九年一月二十五日到上海處理青年會的相關事務三天，會議結束後次日（大年初一）返回香港。由於廣州一帶仍未落入共產黨的手中，故在中共安排下，他於二月十六日以半祕密的狀態從香港乘船到了朝鮮北部的鎮南浦，後在三月九日轉到北平，[15]開始和中共交換關於未來有關基督教的意見。更獲邀參加籌備會，同時又被委以重任，改革中國基督教，配合和適應今後新中國的政治形勢。[16]三月二十九日，吳耀宗再以宗教界代表身分，隨中國代表團，參加在巴黎舉行的第一屆保衞世界和平大會。五月二十五日，再回到北平，不單與中共繼續「洽商」的工作，還與教會界同工交換意見。八月在《天風》發表一篇「人民民主專政下的基督教」，**表明認同中共的宗教政策**。

## 第四章註釋

1.鄭建業：「我敬愛吳耀宗先生」，《回憶吳耀宗先生》，頁121。
2.同上頁。
3.張煜：「懷念吳耀宗老師」，《回憶吳耀宗先生》，頁151～156。
4.許瑞蘭：「懷念松樹伯伯」，《回憶吳耀宗先生》，頁147
5.盧昭靈：「吳耀宗的最終歲月」，《景風》，第七十二期，頁35。
6.查時傑：「吳耀宗」（十九），《基督教論壇》（台北：民國77·6·26），頁2。
7.沈德溶：「吳耀宗小傳」，《天風》，第三期（1986），頁21。
8.同上文，頁17。
9.「六二三事件」的起因與過程可參查時傑：「吳耀宗」（二十一），《基督教論壇》（台北：民國77·7·10），頁2。
10.盧昭靈：「吳耀宗的最終歲月」，頁35～36。
11.陳震中：「吳耀宗的崇高品質永遠留在我們的記憶中」，《回憶吳耀宗先生》，頁181。
12.查時傑：「吳耀宗」(二十四)，《基督教論壇》（台北：民國77·7·31），頁2。
13.沈德溶：「吳耀宗小傳」，《天風》，第十二期（1985），頁15。
14.盧昭靈：「三自愛國運動的歷史根源」，《景風》，第六十七期，頁10～11。
15.查時傑：「中共三自愛國與基督教本色化運動關係初探」，《基督教與中國本色化》，頁720。
16.盧昭靈：「三自愛國運動的歷史根源」，《景風》，第六十七期，頁11。

# 第五章　中共的同路人

一九四九年九月二十一日晚上七時，「中國人民政治協商會議」第一屆全體會議，在北平懷仁堂召開，有十六個團體代表參加。其中最後一個是以吳耀宗為首的宗教代表團。八名宗教代表團代表中基督教佔去五名（除吳耀宗外，尚有趙紫宸、鄧裕志、劉良模、張雪岩等人），他們均積極參與各項工作，在第五日的會議上，吳耀宗明確地表示「完全的同意和絕對的擁護」會議的一切決議。當談及中共對宗教信仰自由的態度時，吳耀宗堅定的相信中共的宗教自由政策，因為他認定「共產黨的力量，是建築在人民的身上；共產黨是同人民打成一片的；共產黨並不懼怕人民，所以不需要把人民的自由剝奪。」[1]

會後，許多教會團體均對這些代表的「合法性」與「代表性」提出質疑。因為他們沒有一個是來自有教會背景的，多是基督教機構的同工。最後吳耀宗在一篇「我們參加人民政協會議的經過」中更坦白承認該代表團圈選的標準是國內教會上一股派別的力量，**他們對新民主主義樂觀，對共產黨的領導與合作認可，對教會中的保守派分子的思想與行動都存不滿的，更**

**「認爲社會革命是耶穌的福音一個重要的成分，而這個成分，同共產主義的主張是一致相同的。」**[2]據盧昭靈的推論，「除吳耀宗外，其他四名代表，都由吳耀宗自己圈出來。」[3]其後，吳耀宗更爲中共當局與教會界作疏通、統戰的工作，馬不停蹄的奔走各地。組織了「基督教訪問團」，又在《天風》雜誌重新掌權，成爲一份爲中共中央宗教政策發言的刊物。

當然這種整合推動的工作，受到教會界不少質疑，其中許多現實的問題，特別是教會工作人員在新政府下的定位，導致吳耀宗於一九五〇年四月底，親率基督教六人訪問團北上與周恩來作一次直接會議。其後他便發表「展開基督教革新運動的旗幟」一文。

七月二十八日，吳耀宗公開發表一份經過八次修正的宣言[4]，名爲「中國基督教在新中國建設中努力的途徑」，尋求各界教會及教會團體的簽名支持，作爲三自愛國運動的「革新宣言」。可是簽名運動阻力不少，其關鍵所在是該運動並非由教會界公認的聯合組織——「中華基督教協進會」所參與推動。[5]一九五〇年十月十八日，「中華基督教協進會」在上海召開第十四屆年會，幾經爭議後才通過上述「革新宣言」的三自運動，吳耀宗被選爲副會長。[6]

一九五一年四月十六日，一個名爲「處理接受美國津貼的基督教團體會議」在北京開幕，吳耀宗作了一次「關於八個月來三自革新運動的總結報告」，並正式組成「中國基督教抗美援朝三自革新運動委員會」籌備委員會，吳耀宗被選爲該會主席，會後發表「中國基督教各教會各團體代表聯合宣言」，以期促進各地基督徒普遍參加抗美援朝運動和自立革新運動。[7]其中「聯合宣言」比「革新宣言」裏所强調的「自力更生」更爲前進，並要求全面「割斷美國差會及其他差會的一切關係」。[8]

會議期間，吳耀宗進行向日後全國教會具示範作爲的「控訴會」，對美國傳教士和教會領袖展開了大規模的控訴活動。

他把這種控訴，視爲等同耶穌對法利賽人、文士的控訴。[9]其後一九五一年五月八日更以主席的身分，在《天風》上發表了全國推動控訴會的通知，直到年底才幾個月的時間內，依據統計，共舉行了二百二十多次控訴會。[10]

其後又藉「中華基督教出版事業協會」，審查各種基督教刊物，只有《天風》和廣州的一份《革新》雜誌符合要求，其他的不是被要求停刊就是要作出檢討。「三自會」更推出一套名爲《新時代學習叢書》，第一集共十二册。吳耀宗主編了三册，分別是《辯證唯物論學習手册》、《馬列主義學習手册》和《基督教革新運動學習手册》。[11]此外，當時全國各地教會，在吳耀宗的推動下，已組織起基督教革新運動學習會，有如短期聖經學校，廣泛推行三自愛國運動，講授革新教會的宗旨，教員就是以《基督教革新運動學習手册》爲教材。[12]

一九五二年之後，「三自會」更全面配合中共推動的「三反與五反運動」，把原本整肅工商界的運動轉移到各地方教會來。[13]其中最爲有名的事件是聚會所的教會領袖倪柝聲，因與經營生化藥廠有關，以經濟爲由判以罪名。[14]

一九五三年，吳耀宗開始出任中共官方與半官方的一些職務，如在一月時，出任「華東行政委員會」委員，二月又出任「政協」全國委員並擔任常務委員，而政協的主席是由毛澤東擔任。四月吳耀宗又出任第一屆「政協上海市委員會反革命案件審查委員會」的委員；十一月出任「中蘇友好協會」華東總分會理事。吳耀宗以一位教會機構幹事的身分進身全國教會聯合組織「三自會」的主席，又在一九五三年擔任多項官方與半官方的職務，其「教會與公職」的兩棲身分，依教會傳統而言，實未爲過。[15]同年八月間「三自運動」在上海促使十一間神學院合併爲金陵協和神學院，吳耀宗爲首任董事會主席。

一九五四年七月二十二日，吳耀宗到北京出席第一次中國基督教全國會議，在會議上作出「中國基督教反帝愛國運動四年來的工作報告」，並提出將「三自革新運動」改爲「三自愛國運動」，正式成立「中國基督教三自革新運動委員會」，由他自己任主席。其主要任務為「貫徹愛國愛教精神，提倡愛國守法、純潔教會」，以使中國教會脫離帝國主義的影響，而發展成一個自養、自治、自傳的中國教會。[16]接著，各地成立地方性的「三自愛國」組織。自此，除了部分教會以外，全國基督教已落入「三自委員會」的權力範圍。[17]同年九月，吳耀宗任第一屆「人大」第一次會議主席團成員，並當選為第一屆「人大」常務委員；十二月任第二屆「政協」全國委員，常務委員。

一九五六至五七年，中共發動「鳴放運動」及「反右運動」，期間，多位基督教領袖發表言論批評政府的宗教政策，其中最有名的為三自運動六位副主席之一的陳崇桂牧師的言論。他在一九五七年三月十九日的「中國人民政治協商會議第八屆大會」中，批評政府的宗教政策不一貫，並且顯明無神論與有神論者之間的衝突，因而導致教會聚會被禁、場地被改用、信徒宗教生活受到干擾。但吳耀宗卻是一直支持與相信政府的政策，並在同年九月八日中國人民政治協商會議第二屆全國委員會上作了「關於貫徹宗教政策的一些問題」的發言，希望政府加强宣傳宗教信仰自由的政策，並制訂條件使該憲法的規定得以貫徹實施。十一月底，三自運動執行委員擴大會議在北京舉行，吳耀宗批評「陳崇桂指控共產黨的行為是『有甚於刨我們的祖墳』，乃是歷來向共產黨、向憲法、以及向政府的宗教政策所發出的最大毀謗。」[18]此後，陳崇桂被黜，更被中共戴上「右派帽子」而判勞改六年，至一九六三年二月二十四日才由新華社宣布摘掉其「右派帽子」。同年三月八日，陳崇桂因長期在北京患病，後返回重慶而逝世，享年八十歲。

一九五八年中共又發動大躍進運動，基督教會各活動被大幅度縮減，教牧人員多加入工廠工作，教堂被關閉或改作其他用途。身為三自運動主要領袖的吳耀宗在該年二月十一日的《人民日報》上刊出一篇「愛國就是要愛社會主義的祖國」的文章，他說：「我們同社會主義抵觸的思想情感和生活習慣，不管是從舊社會來的，或是從西方資產階級來的，我們都必須徹底消除，我們必須取得人民的觀點、人民的立場，才能堅決地、愉快地從社會主義道路。」[19]

事實上，吳耀宗一直「**認同共產主義、認同國家的宗教政策，認爲三自運動可以改革教會，使之加入政治社會潮流，那就是基督教的新生。」[20]與其說他對三自運動的目的、手段從未懷疑，不如說他對共產主義與共產黨的領導從未懷疑，並且極力擁護國家的各項政策。**

一九五九年，吳耀宗又在第二屆「人大」中爲上海市代表，四月任第三屆「政協」全國委員，代表宗教界；並任第二屆「人大」常務委員。在一九四九至一九五九年間，前後十五次作爲中國代表出席世界和平大會，並擔任大會理事。[21]一九六○年三月任「中國人民保衞世界和平委員會」上海市分會副主席。一九六一年一月，連任「中國基督教三自愛國運動委員會」主席，同年八月，曾與該會屬下「帝國主義利用基督教的史料研究組」組長江文漢詳談，提出開辦高級神學院，制訂基督教出版及史料研究規劃。[22]一九六四年任第三屆「人大」上海市代表，第四屆「政協」全國委員，一九六五年任第三屆「人大」常務委員。

一九六六年六月，文化大革命開始，《天風》被逼停刊（1980年10月復刊）。教會徹底被關閉，直到一九七二年才在北京開始恢復供外國領事、家屬及遊客參加的少量教會崇拜。在文革的歷程中，吳耀宗是極少數未被公開點名批鬥的宗教人士。[23]無疑從一九六六年開始，「原上海市委員會，曾將上海市部分民主人士，各界知名人士，列爲保護對象」[24]，吳耀宗因過去的資歷，自應列入受保護對象名單之內。及至一九六七年後，文革進入高潮，二月五日，原市委會被整垮掉，新班底市革命委員會由張春橋撐腰登台，上海市市長曹荻秋、名作家巴金等人都受逼害。據盧昭靈指出以吳耀宗的名氣，大概也無法幸免，並且一定受過造反派的摧殘和抄家。盧昭靈認為，只是吳耀宗因病纏綿牀榻，造反派抄家後就輕輕將這位老人放過了。[25]然而其中的實況如何，卻難以得知。

此外，吳耀宗的兒子更說，吳耀宗「有三年之多天天在辦公樓地下室裏寫檢查，中午就席地休息，精神、身體均受到嚴重摧殘。」[26]而文革後期，他大部分時間都在家中休息。[27]就他本人而言，則認為在文革中，甜、酸、苦、辣、樣樣都嘗到了，[28]在面對這樣重大的政治運動後，他也只表示對文化大革命的種種「很不理解」。[29]而在面對教會的事務上，他曾說過：「沒有教會，沒有宗教活動，怎麼能說明我們憲法上規定的宗教信仰自由？」並且他期望在一九七五年舉行的第四屆全國「人大」會議上，去見周恩來總理，「問問他宗教政策到底如何？」在大會上吳耀宗仍被選上主席團及常務委員，也見到周恩來總理，卻因周恩來總理的病情嚴重而沒有談話的機會。[30]

一九七六年一月八日，中共周恩來總理在北京逝世，吳耀宗曾在家中與友談論政局時，表示過鄧小平是當總理的最佳人選，也曾指出「張春橋有野心」而被友人認為他能在四人幫橫行時說出如此危險的話，表示佩服。[31]同年九月九日，中共毛澤東主席逝世。而在十月六日，黨中央則以迅雷不及掩耳的方法，一舉粉碎四人幫。其後吳耀宗曾抱病參加揭批四人幫的會議。[32]

一九七八年二月吳耀宗任第五屆「人大」常務委員，上海市人大代表。同年三月五日，為周恩來誕辰八十週年紀念日，吳耀宗撰三千字長文紀念了這位與他交往深厚的友人，並記述自一九三八年以來幾次與周恩來會面的經過，刊在當日上海出版的《文匯報》。[33]

一九七九年九月二日，上海沐恩堂在關閉十多年後恢復了禮拜，吳耀宗本擬抱病前往參加，惟其醫師不同意，只好囑咐其妻楊素蘭代為前往。及至同年九月十七日下午一時，因久病後的併發症，吳耀宗在上海逝世，年八十七歲。吳耀宗有二子吳宗素和吳宗蘭，並無女兒。

吳耀宗去世後，有關方面共舉行了兩次追悼會。第一次在九月二十四日於上海龍華革命公墓舉行，由上海市革命委員會主任嚴佑民主持，副主任張承宗致悼詞，出席是次追悼會的多爲政要聞人及各界知名人士。第二次名爲「吳耀宗主席追思禮拜」，九月二十七日下午四時於上海沐恩堂舉行，由孫彥理牧師主持，戚慶才牧師講道，沈德溶牧師簡述生平行迹，謝頌三牧師祝福。是次追思禮拜爲三自愛國運動委員會成員所主持。[34]

綜觀吳耀宗的一生都與「如何重建中國」緊緊地扣在一起。因此，當我們去探討吳耀宗的救贖觀時，不能不了解整個時代的需要和變動，這將會在探討吳耀宗的救贖觀時更覺明顯。

## 第五章註釋

1.盧昭靈：「三自愛國運動的歷史根源」，《景風》，第六十七期，頁14。

2.同上文，頁15。

3.同上文，頁16。

4.該訪問團與宣言的修改情況，可參查時傑：「吳耀宗」（三十～三十四），《基督教論壇》（台北：民國77·9·11、18、25，10·9），頁2。

5.查時傑：「吳耀宗」（三十七），《基督教論壇》（台北：民國77·11·6），頁2。

6.第十四居年會爭議過程，可參查時傑：「吳耀宗」（三十八～三十九），《基督教論壇》（台北：民國77·11·13、20），頁2。

7.查時傑：「吳耀宗」（四十一～四十三），《基督教論壇》（台北：民國77·12·4、11、18），頁2。

8.盧昭靈：「三自愛國運動成立過程始末」，《景風》，第七十三期，頁18～19。

9.查時傑：「吳耀宗」（四十三～四十七），《基督教論壇》（台北：民國77·12·18，78·1·8、29，2·5、26），頁2。

10.查時傑：「吳耀宗」（四十六），《基督教論壇》（台北：民國78·2·5），頁2。

11.同上文。

12.盧昭靈：「三自愛國運動宣言的來龍去脈」，《景風》，第七十一期，頁2。

13.可參盧昭靈：「三自愛國運動和三反五反」，《景風》，第七十四期，頁1～11。

14.查時傑：「吳耀宗」（四十七），《基督教論壇》（台北：民國78·2·26），頁2。

15.同上文。

16.這裏所指的「三自」有其特別的意義。所謂「自治」（自立）是要教會徹底斷絶與帝國主義的關係，由中國基督徒自己治理教會；「自養」是指徹底斷絶與帝國主義的經濟聯繫，完全成爲中國信徒自己負責的教會；而「自傳」則是指徹底肅清帝國主義殘餘思想的影響，使教會傳講合乎聖經的基督純正福音。可參福音證主協會編：《中國教會知多少？》，頁27。

17. 譚偉康：「中國基督教三自愛國運動的保姆——吳耀宗小傳」，《中國與教會》，頁9。

18. 劉先康：《聖靈興起》，頁363～364。

19. 所引吳耀宗語參譚偉康：「中國基督教三自愛國運動的保姆——吳耀宗小傳」，《中國與教會》，頁9。

20. 同上文，頁9中所引李行莊的評語，「三自愛國運動與救贖之觀念」，《中大未發表論文》（1975），頁49。

21. 趙志邦：「民國人物小傳——吳耀宗」，《傳記文學》，頁149。

22. 江文漢：「吳耀宗——中國基督教的先知」，《回憶吳耀宗先生》，頁57。

23. 譚偉康：「中國基督教三自愛國運動的保姆——吳耀宗小傳」，《中國與教會》，頁9。

24. 盧昭靈：「吳耀宗的最終歲月」，《景風》，第七十二期，頁33～34。

25. 同上文，頁34。

26. 趙志邦：「民國人物小傳——吳耀宗」，頁150。

27. 沈德溶：「憶耀宗先生二三事」，《回憶吳耀宗先生》，頁194。

28. 江文漢：「吳耀宗——中國基督教的先知」，《回憶吳耀宗先生》，頁58。

29. 丁光訓：「思想不斷更新的吳耀宗先生」，《金陵神學誌》，第十一期（1990．2），頁9。

30. 羅冠宗：「愛國愛教，明辨是非——紀念吳耀宗先生」，《回憶吳耀宗先生》，頁173。

31. 同上文，頁173～174。

32. 盧昭靈：「吳耀宗的最終歲月」，《景風》，第七十二期，頁34。

33. 同上文，頁35～36。

34. 同上文，頁37。

# 第二部

## 吳耀宗的救贖觀

# 第六章　吳耀宗眼中的中國問題與出路

吳耀宗出生於中國力求自强的時代——滿清末年，因「自强運動」的全盤失敗而導致中國走上革命的途徑。一九一一年，清政權的崩潰，不單產生了社會——政治秩序的解體，亦無可避免地導致了文化——道德秩序的破壞。「危機意識」普遍地存在於當時的知識分子之中，救亡圖存便成爲他們省思及努力的目標與方向。[1]其後五四運動的產生，更使西方近代各種政治理想、文化觀念等都洶湧而入，特別是科學與民主的倡議，這些不僅帶給中國社會不少衝擊；對那時尚在幼年階段的中國教會，一方面要肩負信仰的責任、護道傳教，一方面要對急變的社會政治局面所帶來的挑戰，作出信仰的回應，就更爲艱巨。

## 風潮四起的二十年代

一九二二年，當吳耀宗投身北京青年會學生工作不到兩年，在北京清華大學舉辦「第十一屆世界基督徒學生同盟大會」之後，直接承受是次大會所引發的「全國非基督教運動」的衝擊。[2]前者使他反省「基督教與資本主義」的種種微妙關係，後者使他承受基督教被稱爲「帝國主義的走狗、人民的鴉片」的指控。這些都讓他深切的意識到當時中國教會面對的困難，而苦思中國教會對這樣的時代處境應有怎樣的回應。[3]事實上，當時中國教會已有不少領袖提出多種「基督教救國論」，以反映出救國問題正是二十世紀初中國整個時代的終極關懷(ultimate concern)。[4]而吳耀宗所服事的青年會，在余日章[5]的領導下，更力倡社會服務及青年道德運動。蓋青年會的主要目標，就是要培養青年的基督化人格，進而使社會基督化。吳耀宗就在這些衝擊下，開始他的事奉生涯，自然地他也更關注中國社會的問題，與教會在中國社會重建時應有的角色和功能。同時他也認同青年會的精神，以各種社會服務來協助中國在社會與精神方面的重建工作。

一九二四年吳耀宗赴美求學，到一九二七年回國初期，對中國當時政局仍感到樂觀。他雖對國民政府在處理「中日關係問題」時，所表現出那種「折衝樽俎」的方法稍有意見，但就該年北伐大功告成全國統一，並國民黨能於一九二八年鞏固在南京的勢力均感欣喜，甚至認定「政府設施，雖未盡入軌道，但已漸到建設進步的途徑。」他也鼓勵青年參與政府的國家建設。[6]

## 內憂外患的三十年代初期

### 「國內情況」的反省

中國國民黨北伐成功，帶來全國統一的政治成果，但卻並未把中國帶進安定的日子。當時，國內經濟問題嚴重失控，農業處於一片混亂的狀態、工業停滯不前，貪污情況十分猖獗，人民生活甚爲艱苦。這種種的社會現象，使吳耀宗對國民政府所持的樂觀態度只維持了一段短暫的時間。

前香港中文大學宗教系講師吳利明認爲吳耀宗早年(1921–1931)在「極力提倡政府合作在重建國家的時候」，已經注意到另一個新浪潮的出現。並引述吳耀宗下列的文字爲證：

> 在這個時候，中國的社會，已經進入一個動盪的時期。五四運動所標榜的，那個所謂文化革命的時代是過去了；取而代之的，就是普遍於一般思想的青年心中的，社會革命的意識。國內的政治，在國民黨統治下，處處使人失望；國內的經濟，因爲農村破產、工業衰落，和帝國主義的競爭壓迫，也日趨於沒落。這些事實都造成了一般思想左傾的趨勢。[7]

上述這段文字僅能作爲吳耀宗描述當時中國一些普遍的社會思潮，而所謂社會革命的意識及左傾的思想都由當時思想激進的知識青年所提倡，故此這段文字較難支持吳耀宗思想左傾的理據。

雖然早在一九二七年吳耀宗曾撰寫一篇題爲「共產黨爲甚麼拚命與我們搗亂？」的文章來批評共產黨的革命方式，又在一九二九年表達出支持國民政府建設社會的立場，然而這並不能代表他對社會主義的理論沒有作出關注。其實，在二〇年代裏「國民黨與共產黨的聯合政府中包含了各種不同的社會主義革命思想」[8]，而吳耀宗對馬克斯主義、社會主義顯然早有研究，在他早期的作品中已見「革命」的影兒，也見其使用「馬克斯」等名詞。[9]

然而在那時刻，對吳耀宗而言，所關心的就只有中國教會如何回應當時的社會，也就是教會如何「救贖中國」的問題。他認定基督教裏的「基督精神」和「耶穌的眞品格」，是一種用來建設一個理想、公義的社會的精神力量。[10]而那時他還未對政治與政黨的實況作出深入的理解與分析。顯然吳耀宗此時的「反共」只是反對共產黨革命時所採用的暴力表現，而不是其背後的思想理念。

## 「中日戰爭」的反省

面對踏入三十年代的中國，吳耀宗不單就國內的情況作出深入的反省，也對馬克斯主義有更多的探討；然而在吳耀宗心裏，更爲關注的應是中日關係日趨緊張的情況。

一九三一年日本悍然以武力侵佔中國東北三省，引致「九一八事變」之後，吳耀宗加入了一些「救國會」的組織，在那裏結識了許多共產黨員，並甚欣賞他們的熱心和組織能力。這使他在正式開始接觸共產黨員之前已給予他們正面的評價，也與他們建立了初步關係的基礎。

一九三一年，對吳耀宗來說是「無論在外交或內政方面，都是混混沌沌、昏昏沈沈，絕無一點生氣」的一年。[11]吳耀宗除了肯定部分抗日行動之外，認爲最可取的是東北義勇軍。因當時東北邊防司令官張學良所領導的政府正規軍，在總司令蔣介石「攘內安外」的政策下，奉命對日不加抵抗，禁止出兵抗日。東北民間只好自組軍隊，抱著救國熱誠，手持簡陋的武器，對抗日軍的侵略。**吳耀宗身爲唯愛主義倡導者，堅信耶穌唯愛非攻的精神，並秉負十字架自我犧牲的態度；在這個仇恨和衝突的世界中，他主張見證慈愛悲憫的上帝及反對一切殘酷的戰爭。但是眼看民間抗日的表現，使他開始反省這樣的態度是否能解決當時的中日關係？**雖然如此，他還發動當時國內的有識之士參與「不合作運動」，只可惜其果效不彰。事實上，只舉行過一次參加儀式，就再沒有參加了。[12]

一九三二年一月二十八日，日本公然進攻上海，駐防上海的第十九路軍軍長蔡廷鍇起而應戰，使得中日關係更形緊張。[13]**此時，吳耀宗的絕對反戰立場已爲之搖動。**

吳耀宗每當聽到「中國軍隊的捷報……日軍的敗績」時都興奮不已，但當他檢視自己的情緒和心態，發現都與他過去所倡導的唯愛原則不盡相同時，就在他內心造成不少的認知衝突。事後，他批評張學良等人所主張的不抵抗主義是懦弱的表現，絕非唯愛的主張。吳耀宗强調唯愛的目的在於促使人民的覺悟，實現「愛的社會」，但這並不等於反對別人用武力來作正義的抵抗侵略。只是作爲一個唯愛主義者，他還是期待以非攻的方式來面對社會不公不義的問題，倡議唯愛的精神來建立一個「愛的社會」。[14]

吳耀宗經過一番思考以後，對於戰爭有了新的體會。他認定「戰爭和帝國主義的侵略是現行社會制度的一種產物，所以我們對於社會制度根本改造的問題，要徹底的研究，並要結合同志，大膽地去試驗，使世界禍亂的根源早日消滅。」[15]另外，吳耀宗認爲反戰最根本的原因不是因爲戰爭的殘酷，而是戰爭「從來沒有把甚麼問題徹底的解決」。更何況無論是侵略的、是防禦的戰爭方式都從來不是解決問題的方法。因爲戰爭的出發點是仇恨，目的是要懲罰或消滅對方。用的方法是暴力，結果是仇恨的增加，鬥爭的醞釀。故此應該用唯愛的方法使人覺悟，可是「大多數的人不能相信唯愛、主張唯愛」，這樣的事實使得吳耀宗不得不相對的贊成以武力抵抗侵略是別人認爲最有效的防禦辦法。[16]

不論如何，戰爭雖殺人無數，但對吳耀宗而言，一個「錯誤的社會制度，每日不知要殺死多少人」，這是問題的癥結。對他而言，中日戰爭只是反映現今世界的矛盾，「是整個社會制度所呈露的一種必然現象」。明顯的，吳耀宗把中日戰爭的問題歸因於一個「社會制度」的問題，更視其爲「世界禍亂的根源」。[17]

## 問題確立的三十年代後期

### 「社會制度」革命方向的確定

在一九三四年的上半年裏，吳耀宗在多篇文章中明確地指出中國社會制度的問題和革命應有的方向，其中更呈現出他那深具社會主義色彩的「社會福音」。吳耀宗明確的說：「我們知道中國和國際許多的問題都牽連到『社會制度』那一個根本問題上去。」[18]

我們要問的是到底在吳耀宗眼裏的中國有甚麼危機？國際的形勢又是如何？在還未討論以前，先讓我們看看他所認定的那時代的歷史性質。吳耀宗說當時的中國是處在「時代的末期」，那是甚麼的時代？他說：

> 我們現在是到了一個時代的末期。十八世紀以來的民主革命，推倒了封建的勢力，確定了個人的自由，這是我們現在這個時代的開始。這一個時代，因爲個人得到無限制的發展，所以樹立了現代物質文明的基礎。然這種個人的自由，自從工業革命以後，又造成了一種新的壓迫的勢力，那就是資本主義的勢力。資本主義在生產方面，有它極大的貢獻，因爲它有强固的組織，細密的分工，靈敏的管理。它把人生關於物質需要的恐怖消滅了，永遠的消滅了，因爲它的巨量生產，可以滿足全人類的需要而綽有餘裕。但是在分配方面，它便產生極大的問題了。資本主義的生產，不是爲社會需要而生產，乃是爲個人利潤而生產，同樣的，資本主義的分配，不是根據需要與共享的原則而分配，乃是根據私有與獨佔的原則而分配。這一種無政府的經濟制度便產生了現代社會和國際間許多紛亂痛苦的現象。一方面是在水平線下掙扎的勞苦大衆——盡了生產的力量而沒有得到公平的分配的大衆；另一方面是享著特殊利益的資產階級——勞力少而報酬多；甚至不勞而獲的資產階級。有了這種對立的營壘和不平衡的發展，於是便有階級的鬥爭、市場的競奪、經濟的恐慌和國際間的衝突。大戰以後——一九二五年至一九二九年——是資本主義繁榮的極峯；現在——一九二九年以後——是資本主義日暮途窮的時候。從十九世紀中葉開始的社會革命的潮流，到了現在，已經成了一種普遍的呼聲，有了莫之能禦之勢。無論是資本主義已經發達的國家，或是生產落後的農業國與半農業國，制度的轉變——從個人主義的社會

> 變成社會主義的社會——在不久的將來，都要成爲一個不可避免的事實。換句話說，這就是舊時代的過去，新時代的開始。[19]

可見在吳耀宗的思想裏，導致現代社會和國際間許多紛亂痛苦的根源都是基於一個「無政府的經濟制度」。就中國的內政問題，無論是農業經濟失控、工業落後、軍閥割據、政府腐敗、資本主義國家的經濟侵略、以至國際間的政治情況（就如日俄戰爭、第一次世界大戰、日本對華的入侵）、並美國在一九二九年經濟大恐慌等等現象，對他而言都是基於個人的資本主義制度的癥結或矛盾所致。他堅信地說：

> 幾年來日趨嚴重的經濟恐慌和國際糾紛現象，充分表明「無政府的經濟制度」已走到崩潰沒落的道路上，決不能再維持下去。未來的社會——社會主義的社會——現在雖然只有一個國家把它拿來試驗（筆按：指蘇聯），終久必在全世界實現。[20]

**「社會制度」革命的必然性**

吳耀宗不單對革命的方向給予肯定，並且這樣的革命更是「必然性」的。吳耀宗說：「現在的社會制度——無計劃的私有的，自由競爭的社會制度，不管它是資本主義或前資本主義的時間——必定要改造，我們的目標就是一個計劃的公有的，和共勞共享的社會制度。」[21]可見吳耀宗已認定當時中國的得救與否全在乎她是否走社會主義的路線。

但是對於一個仍然未發展爲資本主義的國家，如何能使用馬克斯的歷史法則[22]？更何況中國本身的文化又與歐美的文化有所差異。然而吳耀宗卻有以下的回答：

> 在實質上，中國的社會，除了她傳統的家族制度以外，仍然是建立在個人主義上的社會。現在西方資本主義的文化既然已經在崩潰，所以中國如果要走上現

代化的路上去，就必須以社會主義作她的目標——雖然用甚麼手段去達到這個目標是我們所亟須研究的一個問題。[23]

此外，吳耀宗也否定一些人的觀點，認爲只要「中國能夠現代化，一切問題便都可以解決。」他卻認爲「自一九二九年經濟恐慌以後，受影響最甚的便是這些『現代化』的國家。」[24]他堅持中國不能走上資本主義現代化的道路去，他說：

中國現在還不是一個資本主義的國家，但現在中國危機四伏，民衆痛苦日深，不得不圖根本的改造，資本主義的路既然走不通，我們若仍貿貿然把生產落後的中國，盲目地引領到資本主義的現代化的路上去，就是說它是可能的，那豈不是一種最愚拙的事。[25]

一九三六年，吳耀宗再次指出中國需要一個「國民性的悔改」(a national repentance)，並且這樣的悔改要落實於一個具體的社會行動——「社會革命」。所謂「社會革命」，就是指出一個以私有財產、放任經濟(Laissez-Faire)、互相競爭等等爲經濟原則而導致剝削、壓迫和不公義的社會秩序(social order)，轉變成一個集體勞力、集體分配、集體公有等原則所引致的社會秩序。[26]

他更指出，「中國社會現在尚未進入資本主義階段，但是她那私有財產、放任經濟、互相競爭等等原則的基礎不下於資本主義的社會。並且她那剝削、壓迫和不平等的產生也不下於資本主義的社會。」故此一個資本主義社會當然要進行社會革命，同樣的一個「出產不足」和「半封建」的社會也要社會革命。[27]

儘管當時中國的情況並未完全符合馬克斯的歷史法則，但是吳耀宗已堅定不移的認定中國必須走上社會主義的道路（只是他並未完全公開接納共產黨的革命手法）。而吳耀宗所指的革命則是整體社會的改造，他說：「我們所要的，不是枝節的改良，而是徹底的改造。」[28]意即不是任何形式的「改良主義」，因爲一切改良工作只是爲有需要的人做一點「救濟的事業」，而未能根本解決社會的問題。更何況他認爲做了許多「社會服務」的事業，社會不見得便被改造，改造成社會主義的理想世界。事實上「吳耀宗所希望見到的是一個不單在中國的改造，更是全世界的基本改變。」[29]

綜觀上述的討論，我們可以得知，吳耀宗對中國和整個世界所要的是一個「徹底的改造」，其理解與分析完全來自馬克斯主義；或者應該說，吳耀宗眼中的中國情境，是經由馬克斯主義的透視，甚至越過馬克斯的歷史法則而來的。

## 問題出路的四十年代

抗戰期間，吳耀宗在四川成都的時期，甚積極投入和支持共產黨的社會及政治策略，加上「七七事變」、中日戰爭的經歷，使他對暴力作了更大的修正。不單對唯愛主義的革命方式予以放棄，對共產主義的暴力革命方式加以默許和認同，也活躍參與共產黨的各種活動。到了戰爭結束，雖然中國已經沒有外侮的威脅，但是國民政府在百廢待舉之時，加上國內政治不穩的情況下，故未能有效的解決國內的經濟困難以及改善人民的基本生活。

當時國民政府企圖用「國族主義」來團結國家，但吳耀宗卻指出，「國族主義」有它的作用，但只應用作爲大衆謀求幸福的動力，不應成爲保持現狀的理由。他說：

> 過去八九年中，我們曾經喊過「國家至上」，「民族至上」的口號。在一個沒有國家意識的民族中，尤其是在被異族侵略的時候，這些口號有它們的作用。然而這些口號，也正是法西斯侵略者拿來欺騙人民的口

號。現在我們要向他們鬥爭，鬥爭的武器，就是「眞理至上」的精神和行動。[30]

這裏所指的眞理，在吳耀宗而言，是指那能調和基督教與唯物論，並融合馬克斯主義所引出的社會政治革命方向的眞理。

此外，國民政府曾答應給予中國人自由和平等，但是吳耀宗卻說：

如果我們要說些漂亮的話，我們也能自圓其說。因爲我們是「自由」的，是「平等」的……然而雖然我們是「自由」、「平等」，結果還是少數人飽死，許多人餓死。[31]

綜觀以上言論，吳耀宗在戰後已明顯的接納共產主義作爲他的政治立場。一九四九年，中國政權易手，對吳耀宗而言，中國共產黨革命的成功將爲中國帶來一個合理的社會經濟制度，中華人民共和國的成立則更代表著中國「新時代」的開始。他認爲「中國人民幾千年來所受的痛苦，是已經根本地、永遠地解除了」，這不單趕走一百多年來的帝國主義侵略，也藉著「天翻地覆的土地改革……把幾千年封建剝削的制度從根剷除。」使得中國人民更充滿自信和希望來建設新中國。[32]

當然這種種的想法，對吳耀宗來說，「都是由於中國共產黨的領導。這個領導的正確細緻巧妙幾乎使人難於置信。」[33] 不單如此，**吳耀宗百份百贊同「沒有共產黨就沒有新中國」的論點。而新中國的展望，更在於團結在這個有辦法、有經驗、有能力，並且是爲人民服務，雖然看似一黨專制、本質卻是民主的共產黨上。**[34]

到目前爲止，吳耀宗認爲中國的問題已大致獲得解決，現在只是如何使人民在這個由共產黨領導下的新中國，共同努力建設一個理想的社會。縱使他經歷過無數的社會運動，但終其一生都沒有改變這個觀點。

其實，在吳耀宗未走上這樣的途徑前，曾對基督教如何「救贖中國」提出過一些不同的模式，只是在未介紹這些模式之前，我們先來看看他如何反省檢討當時的中國教會。

## 第六章註釋

1.邢福增：「二十世紀初年的『基督教救國論』(1900－1922)——中國教會回應時代處理一例」，《中國神學研究院期刊》，第十一期，頁42。

2.「全國非基督教運動」，二十世紀一次龐大的反基督教事件。起因是在一九二二年四月一日，世界基督教學生同盟(World Student Christian Federation)在北京借用清華大學召開第十一屆年會。一羣上海學生以「非基督教學生同盟」爲名，引起一連串全國性的反基督教運動。歷時五年的全面性反教活動，可參梁家麟：《福臨中華》，頁138～153。

3.吳耀宗：「一個基督徒的自白」，《天風》，第一〇二期，頁4～5。

4.邢福增：「二十世紀初年的『基督教救國論』(1900－1922)——中國教會回應時代處理一例」，頁40。

5.余日章，生於一八八二年，湖北人。一九〇二年在聖約翰大學畢業後，曾到美國哈佛大學留學，於一九一〇年獲取榮譽文學碩士學位。回國後，任武昌博文書院教授。自一九一一年革命運動起，余氏曾爲副總統黎元洪私人祕書，《北京日報》編輯，後任青年協會演講部主任。一九一六年起，余氏爲全國青年協會總幹事。一九二一年出席華盛頓會議，一九二二年被選爲基督教全國大會會長。余氏一生致力社會服務及提倡青年道德運動。參林榮洪：《風潮中奮起的中國教會》，頁174。

6.吳耀宗：「中國基督教學生運動當前的事業」，《真理與生命》，第四年第十四期(1929)，頁3。

7.吳利明：《基督教與中國社會變遷》，頁88。

8.林榮洪：《風潮中奮起的中國教會》，頁92。

9.Wu Y. T., “Modern Student Life”, *Chinese Recorder,* Vol. 54, p.476.

10.吳耀宗：「中國基督教學生運動當前的事業」，《真理與生命》，第四年第十四期(1929)，頁9～10。

11.吳耀宗：「東北義勇軍與我們」，《社會福音》，頁75。

12.沈德溶：「吳耀宗與唯愛主義」，《天風》，第九期（1989），頁9。
13.郭廷以：《近代中國史綱》，頁632～634。
14.吳耀宗：「上海事件與唯愛的主張」，《社會福音》，頁85～90。
15.同上文，頁90。
16.吳耀宗：「鼙鼓聲中的唯愛」，《社會福音》，頁93。
17.同上文，頁95～96。
18.吳耀宗：「青年出路的先決問題」，《社會福音》，頁44。
19.吳耀宗：「社會福音的意義」，《社會福音》，頁16～17。
20.吳耀宗：「中國的危機與國際的形勢」，《社會福音》，頁40。
21.吳耀宗：「青年出路的先決問題」，《社會福音》，頁44。
22.「馬克斯的歷史法則」：馬克斯認爲生產力和社會關係，在歷史的演變和發展上，將由原始公社制，奴隸制度、封建制度、資本主義制度、社會主義制度，最後達至共產主義的理想世界。
23.吳耀宗：「中國的危機與國際的形勢」，《社會福音》，頁41。
24.吳耀宗：「青年出路的先決問題」，《社會福音》，頁45。
25.同上文，頁49。
26.Wu Y. T., "Christianity and China's Reconstruction", *Chinese Recorder,* Vol. 67, p.211.
27.同上頁。
28.吳耀宗：「社會福音的意義」，《社會福音》，頁20。
29.吳利明：《基督教與中國社會變遷》，頁88。
30.所引吳耀宗語，參吳利明：《基督教與中國社會變遷》，頁111～112。
31.同上文。
32.吳耀宗：「歷史在跳躍地前進」，《天風》，第二八三期，頁2。
33.同上頁。
34.吳耀宗：「新中國的誕生」，《天風》，第一九四期，頁6～8。

# 第七章　對中國教會的反省與批評

二十年代正是中國政治混亂、社會不安、內憂外患、國家前途未見出路、民族文化未現曙光的時代，而中國教會卻在這風潮的時代背景中逐漸成長。當時的教會領袖，不但要面對福音遍傳的迫切性，更要對中國社會作出回應。這不單是宣教策略的選擇問題，更是基督教福音的救贖信息對中國社會意義的檢討與自省。事實上，早在十九世紀中葉，宣教士來華佈道時，就曾產生過兩種不同的宣教理念與策略。[1]加上十九世紀末西方教會基要派與自由派之爭也正在二十年代搬上中國教會的舞台，[2]促使中國教會內部同樣存有這兩派不同的神學立場、救贖信息與宣教策略。

基要派與自由派的不同神學立場，對當時基督徒的身分及教會在世上所扮演的角色都有不同的認知。具強烈奮興性質的基要派（或稱保守派）人士，基本上只關心個人靈魂的得救，而不對社會問題作出回應與參與。因爲對他們來說，這並不是教會存在的主要任務及使命。因此，信徒在社會（世界）上最大的使命就是傳福音，叫人重生得著來世永生的盼望。自由派的教會人士，因著實際的需要，主張信徒應參與社會改革，實踐基督愛的精神。他們深信這是教會最大的及應有的社會責任，也是基督教信仰對中國的意義。[3]

就吳耀宗所事奉的青年會而言，可歸為自由派的類別，而他在青年會事奉的期間，曾對這兩類教會作出相當的反省與批評。我們希望藉著檢視他這些觀點，使我們更能明白他對基督教如何救贖中國的想法，進而再討論他所提出的「救國模式」。

## 對自由派教會的各種反省

### 教會應作「社會靈性」的使命

二十年代的初期，正是世界動盪不安的日子，就是歐洲的大戰也是在幾個基督教國家裏發生的。吳耀宗因而評論教會不單無法阻止戰爭發生，反而助長其成而被捲入旋渦，「失了她（教會）作為靈界領袖的資格」。此外，在面對國際的仇恨、勞資的相爭、社會的不安時，人們「沒有聽見先知警告的聲音，沒有發現基督苦海的慈航」，基督教失去了在今天時代應有的使命。[4]

面對當時教會的情境，吳耀宗有以下幾點的批評：1.教會過分注重本身組織的發展，未能對社會有所影響；2.教會在提倡社會服務時，過於注重物質的需要，忽視精神價值，這樣必廢於物質之中，失了精神的自由；3.教會過於重視理性，忽視感情部分，使宗教無法培養偉大的人格。

吳耀宗認為上述三點就是教會忽視靈性修養所導致的結果，這將等同於那些偏重靈性而輕視理性的教會弊病，這樣就失卻靈性充實的力量，不能負起發展基督教運動的眞正使命。[5]當然，吳耀宗此時所強調的，是基督的眞品格，也就是耶穌人格的屬靈能力。雖然表面上他所強調的是屬靈的事，但事實上，他所關注的是甚具現世性的精神力量，並非只寄託於未來末世性的天國。

身為青年學生的工作者，吳耀宗在評論基督徒學生運動時，也指出基督徒學生運動無論在思想上與實踐上均落後於當時的「新思潮運動」(New Thought Movement)[6]。他指出這些學生缺乏勇於批評、深切反省與尊重個體的時代精神，而這些精神特質本屬於基督教的。他更指出教會本身沒有提出具時代性、實踐性與指導性的社會信息。這不單使學生與教會分裂，甚至使中國基督徒學生運動不能適切當時社會的需要，因此就不及「新思潮運動」所帶給這個老舊中國的新生。[7]

此外，吳耀宗也指出當時「中國的救贖」(The Salvation of China)的盼望應繫於學生。他說：「今日中國的學生正是中國民族醒覺的結晶體，他們正是那些能改變中國歷史方向的人。」[8]他更預測在未來的日子，中國將有一個更大的革命產生。（只是未有清楚說明革命的情況與性質。）他也認定基督徒學生將有重要的使命等待完成，因爲「基督對社會秩序有最高的理想，這不是社會主義、無政府主義、共產主義或任何其他人文思想的制度所創作的，祂只定睛在一個原則——『上帝的愛和人類互爲弟兄之情』……若中國得救，也只會在此原則引導之下。」[9]當然，基督不單有此理想，祂更有一個大能的福音來作傳揚，也就是當時學生所提出的「基督徒的社會信條」(Social Creed)作爲社會改革的指引。[10]其內容是基於耶穌基督對獨立個體(individual)的絕對尊重，對團契互愛互助的精神教訓。[11]雖然吳耀宗也承認人類活在一個被罪惡支配的世界，但是他認爲基督還是見到人類內在本質的愛和個體成長的可能性，這些都使他堅信上帝的愛和宇宙的愛。[12]

對於教會缺乏「基督的精神」(The Spirit of Christ)，吳耀宗也作了批評。他認爲教會過分關注外在的形式和教條，使基督教精神認同於資本主義而不敢提出反抗。就算面對各種可能引發大災難的政治社會問題，仍然自得自滿。故此，教會理應重生、開放心智、培養領袖、認淸使命，教會的工作在於「人們本身，是要去拯救人類和社會進入基督的道路。」[13]所以教會應該對福音作一個新的解釋，以適應當時的社會與現實環境。

他說：「我們須要見到一個以新的名詞(new terms)和新的亮光(new light)來傳揚那老舊的福音（的教會）。」[14]

**教會應作「天國實現」的努力**

一九二九年，正當中國教會因應時代的需要，而全面推動「五年奮興運動」[15]（以下簡稱「五運」）之際，吳耀宗卻批評該運動「只注重教會與基督徒本身，而沒有使教會成爲改造社會的中心勢力。」他認爲「五運」的目的應是「使信徒以基督的精神貫注於中國建設的事業，使吾人理想的社會，得以實現。」所以「五運」的目的不應只關注於「奮興教會」，而應是「上帝國的實現」[16]。他認爲重要的「並不是人數的增加，而是在實際的服務生活中的分享……假如我們能夠明白到怎樣在一個不公義的社會環境裏去活出基督的生命來，那末上帝的國便會早日降臨。」[17]

吳耀宗認爲，天國就是「愛的社會」，而破壞愛的社會最大的因素就是人的自私，他給予自私這樣的定義：「凡是使我們劃成人我間的界線，在人我間建立隔離的牆壁，使我與人之間常有互相比較，互相對照的觀念的，這便是自私，這便是罪，除此而外沒有別的罪。」只有那些「因爲愛的原故而放棄一切」的人才能找到快樂、自由和平安，也惟有當人們體驗到全人類是一體，各人共同努力，天國才能實現。[18]

在吳耀宗的心目中，「**上帝國的意思並不是一個脫離這個世界的精神領域，而是一個實現在這個世界中的理想社會，一個能夠使人得到自由，得到物質的滿足，同時不會受到政治迫害，社會不平等的威脅的社會。**」[19]也許可以說，應建立一個完全由愛來作主導的社會制度。

## 對保守派教會的批評

吳耀宗對傳統保守派教會的觀點，明顯持反對的態度。特別對屬於基要派的保守教會所持的社會觀點：

只要關心人們的屬靈生活(spiritual life)，那他們就自然會關心自己的社會生活(social life)，更何況倘若由我們負起這樣的社會任務(social tasks)，都將是徒然的。因這都是基督的工作，而祂很快便會再回來。[20]

吳耀宗認爲這樣的論點實在違反基督的社會態度，他更進一步斷言，假若眞是這樣，那麼中國就不需要基督教了。同時他也指出這些教會的部分信徒，「不但對於傳統的信仰，絲毫沒有懷疑，並且因爲相信耶穌的復臨，遂以宗教改造社會的企圖爲多事，這是一個危險的現象。問題來了，不去應付，反取武斷的態度，否認問題的存在，此何異於駝鳥被逐，而埋首沙內。」[21]這也反映出吳耀宗十分强調基督徒應具有現世的責任與使命。

吳耀宗對傳統保守教會也有所批評，認爲他們所傳的只是「個人福音」，完全失去對社會的關注。他强調：

主張個人福音而不管社會福音的人，以爲有了心的轉變，便會有人的轉變，有了人的轉變，便會有社會的轉變，所以他們只注重了個人——個人的「心」，而忽略了整個社會的關係。[22]

不但如此，他也認爲人心與環境是互動的，並且後者比前者更爲重要，甚至人心是被環境所決定、所限制的。他說：

環境與個人，是不能分開的，因此，離開社會的關係，去談個人福音只是玄想，只是空中樓閣。並且，我們還可以進步說：所謂個人，簡直就是社會所造成的個人，因爲個人的思想，個人的知識，個人的習慣、個人的一切，都是從他和社會的交互影響所產生出來的。沒有社會，也就沒有我們現在所認識的個人。沒有個人，也就沒有所謂心。個人不能離開社會

> 而發展，正如社會不能離開個人而存在。所以，改變個人的「心」，而不管它的環境，這無異緣木而求魚。[23]

因此，吳耀宗認爲一個中國的基督徒，應「負起拯救社會的責任」，因爲吳耀宗「相信沒有『得救』的個人，便沒有『得救』的社會……更相信『社會』沒有『得救』，個人終不能完全『得救』。」基督教應該把「社會得救」放在前面，與「個人得救」成爲一體的兩面，缺一不可，否則基督教在「今日千孔百瘡的中國，至多能算是一個『獨善其身』的集團」。故此基督徒理應抱著「求眞的精神」，廓除一切的虛僞，也要敏銳於民衆的痛苦，「不但要求目前的救濟，而且要放大眼光，觀察全局，求癥結的所在，以謀根本的解決……要注目於整個社會改造。用更具體的話來說，我們當前的任務便是要實行社會革命。」這當然有賴於對時代有正確的認識，但只要所做的都是向著「新社會建設的路」上走，那麼無論所作的是甚麼，都能對社會有所貢獻。[24]

從上觀之，吳耀宗對保守派教會只注重個人得救而漠視社會重建的責任的批評，我們也可以看出他對教會（或宗教）所持的期望。

## 對中國教會的整體評估

吳耀宗試圖對自由派和保守派教會作出反省和批評，深入的指出中國教會所表現的宗教信仰，「實在太過唯心……注意的是個人靈魂的得救，是來世永生的保證。」他說：

> 我們的宗教是純情感的宗教，不求理解，不務實行……社會的狀態，國家的問題，世界的趨向，似乎都與我們漠不相關。即使我們偶爾做了若干「社會」事業，我們也以爲只是附帶的工作，不是宗教的本務。……我們的教會，只是一些不會積極作惡，也不能積

> 極行善者不痛不癢的一個集團。我們的口號是「中華歸主」，是信徒的增加，是靈性的提高，不要說這些目的不易達到，就是達到——假如我們傳統的觀念沒有改變——也無非是添了一陣熱鬧，與國家民族在生死關頭中的當前問題，絲毫沒有補救。這樣麻木的宗教，終久必為全國人民所唾棄。[25]

所以在吳耀宗的心目中，不管是自由派的宗教信仰或保守派的宗教信仰都是一樣的——不能面對社會的重建。因此，他所關心的宗教，就是中國教會如何能實現地上的天國。他批評那些只强調「個人得救」的宗教，只是「成爲逃避現實的痲醉藥，即使舉國都是信徒，人人都得了『重生』，所謂地上的天國，還只是一個空虛的幻夢。」[26]而另一方面，他已爲地上天國定下具體的藍圖——就是社會主義的理想與目標，他想藉此來重建中國。

**儘管吳耀宗對中國教會有諸多批評，但他的所有批評均建基於其是否能產生「社會革命」的功能與作用，是否能引領社會達到社會主義的理想世界，卻沒有就中國教會——「一個基督信仰的羣體」作出神學上的檢討**。到最後吳耀宗只是受其「地上的天國」觀念的主導與支配，而將基督教信仰轉變成一個**社會運動的精神力量**。

在還未討論吳耀宗如何使基督教精神配合（整合？妥協？）社會革命主義之先，讓我們先來分別討論他所提出的幾種救國模式。

## 第七章註釋

1.早在中國十九世紀的宣教行列中，部分宣教士受到西歐物質文明和神學思潮的影響，加上中國的政治、社會都面臨崩潰，國家民族在社會的各方面都在求新求變的轉型時期，宣教士就產生兩種不同的宣教策略，其中較具代表性的是中國內地會(China Inland Mission)的創始人戴德生(Hudson Taylor)持守的「直傳福音」，和李提摩太(Timothy Richard)所持的「社會福音」。前者受他對於「末世（死後）」的看法影響(Eschatological stand)，他認為「『人不是在地獄的火中永遠被燒，就是在天堂的祝福中永遠喜樂』……他深信人若非完全地接受基督，他生活上的良善或他的無知，都不能夠使他減輕永遠的刑罰……中國的需要是在屬靈方面，當這個需要解決了，其他的需要也因而解決。」而李提摩太則受他對「神的國」觀念(Kingdom of God)所影響，他相信神的國「『不只建立在人心裏，也建立在世上的一切機構裏，為使人現在或將來得到的救恩，包括身體和靈魂……」而且，他相信神的國度與人類日常生活是不可分的。」

戴德生和李提摩太兩者分歧的神學思想不單影響著中國教會宣教策略的取向，更影響著中國教會對政治與現世的態度。參Paul A. Cohen, "Missionary Approaches: Hudson Taylor and Timothy Richard", Harvard University: Papers on China Vol.Ⅱ, 1957.此中文引論出自蘇文峯的改寫，收在《基督教入華百七十年紀念集》，頁81～107。Paul A. Cohen,「戴德生與李提摩太宣教方式之比較」，《基督教入華百七十年紀念集》，頁86，91。

2.基要派信仰：基要信仰是十九世紀末於美國興起的教派，因他們堅守基督教其中幾個基要教條或教義，並因某些領袖於一九一〇年出版了十本小書，命名為「基要信仰」(The Fundamentals)。他們維護系統神學的五條基要教義：聖經逐字無誤、基督具神性、基督藉童女而生、代贖世人罪、基督肉身復活與肉身再來等五項。在中國教會中常以「重生得救」或「信仰純正」相標榜，以示與其他「自由派」之不同。參蕭楚輝，《奮興主教會》，頁74。

現代派(Modernism)又稱自由派(Liberalism)，爲一新神學，其觀點可溯源於十九世紀時士萊馬赫(Schleiermacher)的神祕主義與立敕爾(Ritschl)的唯理主義。他們主要以理性爲基礎，以人類學的觀點來重新解釋基督教的基要教義，例如，他們認爲聖經只是人類宗教所產生的佳美作品。上帝只是一類絕對的精神(absolute spirit)，天父是普世人類的父，耶穌只是一位完美道德的人，是人類學效的對象，而天國是一種倫理與道德的國度，是完美社會的建立等。參*New Dictionary of Theology,* IVP Press, pp.386－387。兩派的爭論在中國的衝突可參林榮洪：《風潮中奮起的中國教會》，頁82～85。

3. 邢福增：「二十世紀初年的『基督教救國論』(1900－1922)——中國教會回應時代處境一例」，《中國神學研究院期刊》，第十一期，頁40。

4. 吳耀宗：「今日基督教運動的趨勢及其危機」，《眞理週刊》，第二年第五期，二版。

5. 同上文。

6. 「新思潮運動」：五四新文化革命，又稱「五四運動」，或「新文化運動」，或「新思潮運動」。該運動是中國近代歷史上一段重要的思想改革時期，約在一九一七年開始，延續到二十年代。當時，傳統的儒家思想正受到公開的批判，西方的學術不斷輸入國內，白話文亦被普遍使用。參看Chow Tse-tsung, *The May Fourth Movement*; Hu Shih, *The Chinese Renaissance* (Chicago, 1934; 2nd ed., New York: Paragon Book Reprint Corp., 1963)。參林榮洪：《風潮中奮起的中國教會》，頁16。

7. Wu Y.T., "Chinese Student Christian Movement", *Chinese Recorder,* Vol. 54, pp.469－470.

8. Wu Y. T., "Modern Student Life", *Chinese Recorder,* Vol. 54, p.477.

9. Ibid., p.478.

10. 「基督徒的社會信條」(The Social Creed)：這份「信條」的主要目的是(1)表明基督的福音對於今日中國社會的生活有一種積極重要的

使命；若去傳基督的福音而沒有傳這種使命，就是一個不實用的福音；(2)使我們基督徒覺得我們對於社會改造有一個特別的責任；(3)希望羣衆——無論是否基督徒——承認這個信條全體或一部分，並能力行或宣傳，但我們並不是要成立一個政黨。邢福增：「二十世紀初年的『基督教救國論』(1900－1922)——中國教會回應時代處境一例」，《中國神學研究院期刊》，第十一期，頁61。

11. Wu Y. T., "Modern Student Life", *Chinese Recorder,* Vol. 54, p.478.

12. Wu Y. T., "Our Message", *Chinese Recorder,* Vol. 54, p.486.

13. Ibid., p.488.

14. Ibid.

15.「五年奮興運動」：該運動是自一九三〇年一月一日起所推動全中國教會的一個奮興運動，由協進會的誠靜怡主席領導推行。其目標是對內訓練信徒，對外奮興佈道，使信徒質量倍深倍增。

可參蕭楚輝：《奮興主教會》，頁14～49。

16. 吳耀宗：《對五年運動的感想與希望》，頁17。

17. 吳利明：《基督教與中國社會變遷》，頁86。

18. 吳耀宗：「社會福音的意義」，《社會福音》，頁12。

19. 吳利明：《基督教與中國社會變遷》，頁86。

20. Wu Y. T., "Make Christianity Socially Dynamic", *Chinese Recorder,* Vol. 65, p.8.

21. 吳耀宗：「我們今日的使命」，《社會福音》，頁134。

22. 吳耀宗：「社會福音與個人福音」，《社會福音》，頁29。

23. 同上文，頁28～29。

24. 吳耀宗：「我們今日的使命」，《社會福音》，頁136～138。

25. 吳耀宗：「和平的代價」，《社會福音》，頁100。

26. 吳耀宗：「社會福音與個人福音」，《社會福音》，頁31。

# 第八章 「人格救國與改良主義」的模式

## 時代背景

雖然清室遜位，共和成立，但因辛亥革命成功不久，袁世凱得以竊權，而導致軍閥割據。在面對整個變易時局，中國教會人士多認爲問題在於「人」的本身。認定「人心」一日不改革，任何政治、教育、實業之改良，亦不能濟國事。因此，不少教會領袖倡議「人格救國」的口號，希望喚醒中國青年對國家重建所當盡的責任。[1]他們的神學立場，是「主張個人得到改變後必會引致社會的改變，他們相信耶穌的榜樣帶給中國人民品德修養的模範，祂的精神更成爲他們的推動力。」[2]其實，這樣重視「民心」、「民德」爲一切問題的根源的體認，不僅是民初中國教會面對當時五四運動而引發的回應，更是當時不少知識分子的共識。[3]

當中尤以中國青年會在倡議「人格救國」的立場上具有帶領的作用，他們的理論是「中國政治太過黑暗腐敗，救中國需要有人格的人；基督教是培養人格最有效的信仰。」[4]而青年會也邀請北美基督教青年會同工穆德博士(Dr. John R. Mott)與艾迪博士(Dr. Sherwood Eddy)來華佈道，他們傳道的方式，總是先談科學、宗教、講論時事；艾迪博士每次演講，都先把中國情形詳加分析，再歸結於耶穌的道理與國家的關係，意即將信仰連合救國，並以較理性的方式表達出來。他們的信息多是「有了人格就能救國，要有人格，必須要信基督教。」[5]基於他們的信息正迎合當時國情，故此帶來中國教會部分的復興現象，[6]又吸引了不少關心國事的青年歸信基督教，吳耀宗便是其中之一。

此外，中國青年會所倡導的「德智體羣」，提倡宗教修養、工人福利、農村服務、娛樂健康等，其中心目的，當然是培養「人格」。而這些活動落實在「社會服務」時，眞能產生「改良主義」的作用，對社會建設上有一定程度的幫助與貢獻。故此這樣的「人格救國」論，在青年會「德智體羣」的實踐中，產生了不少「改良主義」效果。[7]

## 吳耀宗早期的觀點

吳耀宗早期十分認同青年會的使命與目標——「人格救國」，進而放棄了海關優厚的工作，投身於青年會服事的行列，他更期許教會能同樣承擔這樣的使命與責任。二十年代初期，他就認爲「教會不能應社會的需求，是因爲她沒有屬靈的能力」，他指出這能力是歷代基督教「重生」的所在——就是發現了「基督的眞品格」。[8]而這種以耶穌的人格品德爲基督教信仰核心的觀點，更是當時教會的一種主流思想。

同時，趙紫宸[9]提出當時的中國正處於一個「新環境」中，教會必須加以「適應」。他認爲「要救中國不僅當有政治的革命，乃是應有人心和制度各方面徹底的改造。」而學生運動不僅是政治運動，更是「道德的社會運動」。[10]作爲學生運動領袖的吳耀宗，面對這個由「憂患」時代而帶來的「大希望」的良機，吳耀宗認定只有「犧牲」和「服務」才能改造世界。他說：

我們要服務麼？我們要犧牲麼？我們要救中國，救世界麼？除了耶穌，再沒有人能告訴我們，怎樣可以一定得勝。來吧，我們都往耶穌那裏，去認識祂，親近祂，請教祂，把我們的舊人，完全改變，成了一個新人。到那時候，我們必能夠甘心樂意的去犧牲、去服務……來吧、來吧，快來認識「基督耶穌」！[11]

可見，吳耀宗這種强調「犧牲」、「服務」的精神，正是他思索教會在社會中的責任的基本依據，這也是他早期認定以此來「救贖中國」的基本模式。這模式就是藉著耶穌基督的品格，改變「人心」，進而產生犧牲與服務的精神，重建社會的風氣與環境，使中國能更加健全地發展。一九二七年自美回國後，他更倡導學生以基督的品格和唯愛精神參與各種的社會服務。他說：「中國基督教學生運動第一種使命，就是要充量參加建設事業。」[12]

## 吳耀宗後期的反省

一九三四年，吳耀宗參加了上海的救亡運動後，從而認定了中國必須要走上社會主義革命的方向，並指出改良主義是錯誤的。他主要有以下三個論點：

第一：吳耀宗認爲教會或在過去的基督教運動中也有不少從事各種慈善事業，如辦學、醫療、博愛事業、普及教育、農村工作、救災消貧、識字拒毒等等，都有它們的價值，「但是只做了這一類事業，社會不便被改造。」[13]可見他認爲這些改良主義的活動，基本上對整體社會的改造（指改造成社會主義）是十分有限的。

第二：吳耀宗認定資本主義社會制度是「世界禍亂的根源」，他認爲在這樣的社會制度下，任何改良主義的提倡都會有意無意的產生下面的結果：

我們的學校可能只訓練一羣只知維持既得階級(status

quo)的學生，醫療工作的經費則來自那不平等的社會次序(social order)，博愛事業更可能成爲一個無意識的工具去維持那永不朽的邪惡。農村工作可能只是建立一個最終將被推倒的華麗體系而已。[14]

因此，吳耀宗認爲過去的基督教運動「本欲訓練天國的新兵，但至終是差遣他們到錯誤的方向，並且送他們到敵人的手裏。」[15]因教會熱衷於這些服務的工作時，卻不自覺地維持了現存資本主義的社會制度和環境。

第三：吳耀宗指出這種改良主義，更是「裝飾門面的工作，至多是爲舊社會裏有錢有閒的人們錦上添花的工作。這些工作不但不能改變社會的基礎，不但不能幫助廣大的人民享到眞正的幸福，相反的，它們是麻醉人民，削弱革命力量，爲帝國主義侵略作了準備，甚至直接幫助了帝國主義侵略的，基本上是反動性的工作。」

吳耀宗坦承這些思想的轉變是來自「共產主義的理論」。[16]然而，這是否表示吳耀宗完全否定這些改良主義的工作呢？這也未必。吳耀宗認爲教會在從事這些工作時，只要認定工作的目的是要整體的社會改造，是要配合確定的革命方向，是要達成社會主義的目標便可。故此「改良和改造之分，不在工作的大小，工作的種類，而在努力的方向，同是一所學校，我們可以把它變成反動的大本營，也可以把它變成革命的先鋒。」[17]由此可見，重點不在於改良主義本身，而在於中國能否走上社會主義的道路。

總觀以上吳耀宗在早期所思索的「救贖中國」的觀念，他確實提倡過人格救國與改良主義的模式，並基於這種模式的精神而投身基督教事奉的行列。當他考慮到以救贖的層面進到整個政治、經濟的「社會制度」時，很快就感到這樣的模式的有限性與局部性。所以，在面對「社會制度」的問題時，若單講「人格」和提倡「犧牲與服務」的精神，將無法正面處理問題的所在，因爲這是屬於不同的範圍與內容。

吳耀宗思想模式的轉變，正好反映出當時的知識分子對中國問題的不同理解。民國初年，有識之士將「救贖中國」的關鍵與核心定位在「人心」和「物質建設」之上。可是在二十年代，在五四運動的激盪下，使中國的知識分子從文化革命返回政治革命的方向上；藉著各種政治、經濟主張的討論，確實把焦點轉移到「整體制度」之上。再加上當時的基督教正受到民族主義和反帝國主義的衝擊，所以想透過這種模式作爲基督教的救國之途，確難以實現。

事實上，當問題的關鍵所在不同時，自然解決的途徑也不同。更何況這種思想模式甚具「一元」的特質，只試圖把問題的核心定位在一個層面之上，這是否正確的救國模式呢？此外，當青年會在提倡這模式的時候，是期望藉此來傳揚基督教的福音或是解救中國的困難呢？顯然吳耀宗是把重點放在後者，但他卻沒有把兩者加以區分。吳耀宗也未能在神學上區分甚麼是基督教的福音本質，甚麼是基督教的精神。他一直所關心的就是如何「救贖中國」的問題，並且這種關注一直不斷的主導著他的基督教救贖觀念。

最後，在他選取以「宗教革命與配合共黨」的模式來救贖中國之前，基督教的唯愛主義確實發揮了在這兩個模式轉換之間的中介功能。至少使得吳耀宗所關注的救贖層面由「人格和物質建設」轉移到一套具政治理念的「社會制度」之上。

## 第八章註釋

1. 邢福增：「二十世紀初年的『基督教救國論』(1900－1922)——中國教會回應時代處境一例」，《中國神學研究院期刊》，第十一期，頁47。參林榮洪：《王明道與中國教會》，頁148。
2. 林榮洪：《王明道與中國教會》，頁211。
3. 邢福增，「二十世紀初年的『基督教救國論』(1900－1922)——中國教會回應時代處境一例」，頁3。
4. 蕭楚輝：《奮興主教會》，頁6。
5. 吳耀宗：「共產黨教育了我」，《天風》，第二十七期，頁6。
6. 邢福增：「二十世紀初年的『基督教救國論』(1900－1922)——中國教會回應時代處境一例」，頁54。
7. 吳耀宗：「美國利用青年會改良主義的侵略」，《天風》，第二十六期，頁8～10。
8. 吳耀宗：「今日基督教運動趨勢及其危機」，《眞理週刊》，第二年第五期，二版。
9. 趙紫宸，生於一八八八年，浙江人。一九一〇年蘇州大學畢業，曾到美國溫德堡(Vanderbilt)大學留學，獲取文學碩士(M.A.)和道學學士(B.D.)學位。回國後，任教蘇州大學；自一九二二年開始爲燕京大學教授。日治時入獄，信仰思想有很大的轉變，他早期思想集中本色教會和社會重建，後期不單關注耶穌的言行典範，同時指出祂是人的罪和神救贖的恩典。五十年代他加入了三自會，至八十年代初逝世。趙氏著作甚多，包括《基督教哲學》（1925年）、《耶穌傳》（1935年）、《基督教進解》（1947年）、《聖保羅傳》（1948年）、《神學四講》（1948年）、《基督教教會的意義》（1948年）和《我被逮住了「新上帝論」》（1950年）。參蕭楚輝，《奮興主教會》，頁23。
10. 吳耀宗：「犧牲」，《生命》，第一年第五期（1920・12），頁4。
11. 同上頁。
12. 吳耀宗：「今日基督教運動的趨勢及危機」，《眞理週刊》，第二年第五期，一版。

13. Wu Y. T., "Make Christianity Socially Dynamic", *Chinese Recorder*, Vol. 65, p.8.

14. Ibid.

15. Ibid.

16. 吳耀宗：「共產黨教育了我」，《天風》，第二七一期，頁6～7。

17. 吳耀宗：「青年出路的先決問題」，《社會福音》，頁52。

# 第九章 「唯愛主義與社會改造」的模式

## 時代背景

二十世紀初，中國教會出現一個名叫「唯愛社」的組織，極力提倡基督教的唯愛主義。該社原名爲「和解團契」(The Fellowship of Reconciliation)，簡稱F. O. R.，後來才改名爲「唯愛社」。[1]唯愛社原先在歐美地區創立，緣於第一次世界大戰爆發後，各國原有的和平組織與團體，因自己國家的利益關係，一改和平主義的初衷，進而爲本身政府所進行的戰爭提出辯護。這種變節的現象，使得一些教會人士十分不滿，因而組織了「和解團契」，希望對當時許多不合理的現象加以批評改正。該社的宗旨在於「以愛與服務的方法，根本改造人類的社會。」[2]

這樣一個新的國際性和平主義組織的發起人，正是一位曾在中國傳教的霍德進牧師(Henry T. Hodgkin)，其他基本成員也是教會人士。他們的思想和主張多從基督教信仰衍生而出。他們不但反對戰爭，也拒絕從軍，爲此而入獄者人數不少；他們更參與一些實際的行動，例如在大戰期間，遠赴戰場救助傷患，為俘虜服務。此外，他們也大力在社會呼籲，曾召開過幾次國際會議和積極推動在各國成立分社組織，以發揮更大的非戰力量。

霍德進牧師再度來華傳教，自然地把唯愛主義的思想帶來中國。一九二一年，「唯愛分社」在中國成立，其宗旨在以耶穌的生和死所表現出來的愛，作為戰勝罪惡的惟一能力，也為人類社會生活的惟一標準。

這樣的主張與信念深深吸引了吳耀宗，他便在一九二一年五月申請入會。同期還有寶廣林，胡篤生等人，他們都成為唯愛主義思想的奉行者，有著强烈的非戰思想，反對以戰爭來解決國與國之間的紛爭。吳耀宗積極的參與該社的工作，該團體的中文宣言更是由他起草的。其後他還自一九三一年起接替美國人羅天樂擔任《唯愛月刊》的編輯。

## 吳耀宗早期的唯愛主張——用於改良主義的推動力

當吳耀宗在一九二九年從美國學成返國後兩年，他明顯地强調以基督人格用來作為改良主義的動力，從而面對當時中國社會建設的力量。那時在他的心目中，基督的精神就是唯愛主義的精神，他說「耶穌的主張最特出的一點，就是他的唯愛主義……耶穌用他天啟的覺悟，將人類生存的最高原則，指示給我們。」[3]並且「人類的心靈，在這愁苦的世界，不知不覺中，總是如飢如渴的希望愛的社會的實現。」他更揚言「相信愛是我們惟一的救法。」[4]

至於具體方面，如何以耶穌的唯愛主張來建立一個「愛的社會」呢？吳耀宗認為就國際情況而言，應當發動「國際和平運動」，聯絡各國的學生，特別是中日「兩國國民的覺悟分子，用民衆運動的方法，去打倒日本的帝國主義」。就個人生活而言，應當在日常生活中多加經驗與覺悟，要將「競爭變作互助，報復變作同情，虛偽變作誠實」。就中國情況而言，學生的使命就是要「充量的參加以後的建設事業……和聯合國內先知先覺，引領中國的建設入於正軌」。鑒於當時中國的問題是民生問題，根本沒有西方資本主義所面對的「物質主義的危機」，中國最需要的是物質充足，但是學生在參與基本的鄉村建設時，也應實踐簡單生活，好與廣大民衆的生活水準拉近，更要擺脫物質需求的束縛。[5]

由此可見吳耀宗當時是運用唯愛主義的精神來推動學生參與中國的建設，進而建立理想的社會。這種改革方式基本上還是改良主義的模式（因爲沒有提出整體社會的改造），只是這時唯愛主義給予吳耀宗的，不單是基督員品格中「犧牲與服務」的精神，也使他對「整體社會」更加關注，或者可說是對「天國實現」的關注。

一九三一年，吳耀宗希望用唯愛的方式來建設「愛的社會」。他對唯愛主義下了這樣的定義：「唯愛主義主張人類一切關係應當以愛爲原則，並且要用不違反這個原則的一切手段。這個愛是無條件的愛，愛一切的人，連仇敵都在內。」[6]其中具體的主張有三點：

> 第一，要使「愛的精神」充滿個人的生活，作爲個人處事爲人的準則；第二，改善一切不合理的社會制度，創造一種新的制度使「愛的精神」得以具體實現，但是這種「改善」不能使用武力；第三，反對一切戰爭，不管是正義的還是非正義的。[7]

一九三二年，吳耀宗在一篇「中國的基督教往那裏去」的文章中，就明確的表現出他對由改良主義進到社會改造的關注。他認定雖然「除了極少數的基督徒和教會知道從事提倡生產，改進農村那些比較根本事業外，其餘的簡直沒有把社會當前的問題放在他們的思想裏。」[8]他認爲改良主義的方式還是不足以面對當時的中國，基督教的價值能力應是把「耶穌爲公義仁愛奮鬥犧牲的精神表現出來」，他說：

> 我們以爲基督教在今日的中國，應當有她的使命；這

> 個使命就是本著耶穌唯愛的精神，結合同志，改造環境，改造社會，以解放民眾、實現天國。[9]

吳耀宗所謂用耶穌的唯愛精神「拯救社會的重任」，就是指「耶穌最大的教訓是愛，愛的起點是同情，是對於民衆痛苦敏銳的感覺……不但要求目前的救濟，而且要放大眼光，觀察全局，求癥結的所在，以謀根本的解決。」[10]此外，所謂求眞的態度，就是「對於時代有正確的認識，只要我們所作的都是向著新社會建設的路上走，無論我們所作的是甚麼，我們都能對社會有所貢獻。」[11]只是這樣的認知有賴教會去從事研究、組織與試驗，「使整個的基督教運動，不復爲自身而生存，則基督教在中國的前途，庶幾有望。」[12]

## 唯愛主義在社會改造的具體方案

一九三四年一月吳耀宗在廣州的一次演講中，曾以「唯愛主義與社會改造」爲題，指出當時中國注意社會改造問題的青年，大都趨向階級鬥爭、武力革命的思想。只有他提出用唯愛主義來達成「社會改造」。

吳耀宗認爲「唯愛主義並不是一個很高深的主義，無非相信人類應當以愛爲一切生活的原則；在個人關係上應當這樣，在社會關係上也應當這樣。」[13]他甚至認爲人類歷史的發展可分作三期：由弱肉强食的强權時代進到制定法律的公道時代，最後則是互愛互助的唯愛時期。當然要達到這樣唯愛時期的理想社會，就有賴唯愛主義的倡導與實踐。[14]

### 唯愛主義與共產主義的比較

吳耀宗認定唯愛主義有三點基本的信仰，並且以此三點與共產主義的立場作出比較：[15]

第一，**人的價值**。因爲人的生命是有價值的，故此一切抹殺人的價值的東西，無論是風俗、制度、團體或階級，唯愛主義都要把它打倒。共產主義基本上也是尊重人的價值，只是它所看重的是大衆(collective man)的價值，而非個人(individual)的價值。當然在爲大衆利益的原則下個人的價值可以完全犧牲，但是應是出於自願而非勉强。可是共產主義卻在策略方面，有時把人看作工具或障礙物，而抹殺人本身的價值。唯愛主義則把罪與罪人不相混合，無論在任何情況下都肯定個人的價值。

第二，**人的可能性**。共產主義雖然並不主張絕對把「反社會」的人消滅，但在策略上，卻殺戮她所認爲反動的人，因爲他們認定這樣的人不值得去改變。只有唯愛主義者相信人有無限的可能性，就算延誤社會前進的速度，也不以爲過。因爲唯愛主義認定罪與罪人可以分開，人可以隨著環境和心境的改變而改變。不然，所謂改造社會，根本就不可能了。

第三，**目的與手段**。對共產主義而言，手段之正確與否，是因著目的而具有相對性，而並沒有自身的絕對性的。唯愛主義卻對手段與目的有一定的衡量。就以暴力革命而言，雖然可以推倒舊社會，卻因暴力本身抹殺人的價值，與建設新社會的動機——尊重人的價值——不一致。故此，唯愛主義反對「暴力革命」，縱使用暴力手段達到所謂在形式上的革命目的，但在實質上所結的果子也會有不健全的成分，必須花上若干的努力才能消除所帶來的後果。

**唯愛主義的社會改造方案**

爲了達到社會改造，吳耀宗以唯愛主義的方式提出了具體的方案。他認爲基本上「唯愛主義不是改良主義」，而「唯愛主義所期求的社會是共勞共享共有的社會，而這一目的與其他社會主義的目的是沒有分別的，只是唯愛主義在實踐這目的的方法上，是採用非武力的方法。」[16]

吳耀宗借用甘地在印度所採用的方法來表達出唯愛主義的方法。第一，以正確的意識來喚醒民衆；第二，嚴格的組織和訓練民衆；第三，以不合作的方式對抗統治階級。

雖然有人會懷疑以「不合作的方式」眞的可以打倒這些統

治階級與資產階級嗎？但吳耀宗認爲這就有賴於羣衆正確的組織，只要大多數人能相信它、應用它，它的效力就極其宏偉了！儘管統治階級用武力來壓制民衆、屠殺民衆，但只要有人願爲正義犧牲，就是有感染力的犧牲，若能支持下去，必能煽動民衆熱烈的反抗情緒，甚至連那些統治階級的工具——有槍階級，也會同情民衆，起來反抗。若統治階級持續壓制的話，只要民衆經過組織、經過訓練，有犧牲的勇氣，有持久的決心，則任何的壓制行動勢將瓦解。然而在統治階級的監視下，要進行這樣的組織和訓練較爲困難，但假以時日，待時機成熟革命就能成功。[17]

無疑吳耀宗的「社會革命」論已經確定，其方式則以非武力的革命方式來反對共產主義基本理論中的暴力手段。這一點頗能反映出吳耀宗是一位唯愛主義者，他當然反對這種以暴力方式來革命的共產主義。[18]但另一方面，卻因他對唯愛主義的理想，使他能接納共產主義的目標，這點是可以理解的。

## 唯愛主義的反省與轉變

當吳耀宗提倡以唯愛主義的方式，來達到社會改造的同時，正值日本以武力侵佔中國的東北。一九三一年日軍發動九一八事變，悍然以武力侵佔中國東北三省，吳耀宗身爲唯愛主義的倡導者（同年正是他接任《唯愛刊物》的編輯），他斷然反對任何武力，連「武力抵抗」也反對。他主張「正當防衞」，提出「不合作運動」的對應策略，可是參加者寥寥無幾，加上日軍的進攻，使他對用「不合作運動」的方式來抗日的想法有所動搖。

一九三二年一月，日軍進攻上海，當吳耀宗聽到「中國軍隊的捷報和日軍的敗績，就興奮起來」，甚至他說：「對於日軍整千整百的死亡，我卻以爲是應當的，似乎無所動於中……」[19]從中反映出吳耀宗至少在情感上已認同以武力抵抗的行動，但這樣的心理反應卻與其唯愛的認知造成衝突。

一九三三年，日軍侵佔東北三省，並向熱河推進，而吳耀宗對唯愛主義關於戰爭的主張也作了一些修改。但是他仍舊認爲戰爭（無論侵略的或是防禦的）不是解決問題的方法。因爲在理論上，戰爭的出發點是仇恨，目的是對對方加以懲罰或消滅，方法是暴力，結果是仇恨增加，是未來鬥爭的蘊釀。只是現在許多人不能相信唯愛，主張唯愛，使得他不能不相對的贊同「武力抵抗」侵略，甚至作爲謀求社會全體幸福者，更應在不違反唯愛信仰的範圍內與他們合作，也就是積極參與各種救亡組織。[20]

雖然如此，這時的吳耀宗基本上仍是反對武力的，因爲他對人的可能性仍然持樂觀的態度。更因武力存在恨的成分，使得他一律不加接受。並且認定以武力達到的目的，也將引起不良的社會影響。對於義憤，他則有這樣的看法：「義憤的表示應當限於言語的斥責，即使用武力，也應當以阻止他的暴行爲限，超過了這個限制，便不是唯愛。」[21]

到了一九三四年，吳耀宗顯得更爲關切實際的社會改造問題。基本上他還是主張用唯愛主義的方式來解決國內的社會改造和國際間的紛爭；只是與此同時，他亦深入的考慮暴力的問題。在還未討論吳耀宗如何容許暴力手段來達成社會改造以前，我們發現吳耀宗在此時面對階級鬥爭的問題上，雖不主張使用武力，但卻沒有否定「高壓」(coercion)可作爲一種手段。他說：「我們若以耶穌自己的主張作標準，我們可以說：基督教是不主張用武力的；它可以用非武力的强制(coercion)去使對方就範，但不能用武力把對方消滅。」[22]甚至說：「我們需要用一個程度的强制（高壓）來改變階級的意識。」[23]吳耀宗之所以持此觀點是基於他對人本性的「壞」的看法，尤以那些屬於特別階級(special classes)的人，更應用「高壓」的方式加以控制。[24]當然所指的高壓仍是强調非武力的高壓(Non-violent coercion)手段而已。

雖然如此，但吳耀宗對人性的進步卻持樂觀的態度，相信唯愛在解決社會問題上是具有獨特和領導性的工作。[25]此外，他基於印度甘地的不抵抗主義革命成功的例子，他更確信唯愛的革命方式可以應用在改造社會的問題上，並將同樣的獲得實現。因此，他期許以唯愛作爲革命的基礎。[26]

雖然此時吳耀宗認爲「愛」是耶穌的典範，並且高於共產主義的理想，特別是其對個人價值的肯定；但在面對別人指責共產主義是一種具獸性的破壞力量之時，他卻加以辯護，並指出「很多人忘記了共產主義所用的手段，也就是當權政府在相同的環境情況下，所使用同樣本質的方法。」[27]可見他在此已把暴力的使用問題普遍化，並給了一個容忍的可能性。只是他一向認爲暴力不但有違唯愛的精神，也不是一個理想的手段，更不能帶來滿意的結果，而加以否定而已。這觀點可從他反戰的論點上得知，並能窺見此時他對暴力與社會改造之間的微妙關係。他說：

> 我們所反對的，不只是戰爭的慘酷。假如戰爭是惟一有效的辦法，假如戰爭的慘酷是必不可少的代價，就是死去了更多的人，弄成更大的毀滅，我們也決不以爲非。我們知道在現在的世界，殺人不一定要到戰場去，也不一定要流血；錯誤的社會制度，每日不知要殺死多少人。我們反對戰爭最大的理由，是因爲它從來沒有把甚麼問題徹底的解決。[28]

由此可見吳耀宗不能接納暴力的主要原因，是在於它「沒有把甚麼問題徹底的解決」。當他在維護唯愛主義的立場時，他也有類似的觀點，認爲暴力「不能導致我們希望得到的結果」。他說：

> 我們提倡唯愛並不是出於情感的理由。暴力是残酷的。但是假如暴力是必要的代價，假如暴力是我們達到目的惟一的希望，那末我們也惟有用暴力。但是站

> 在唯愛的立場，暴力是不能導致我們希望得到的結果。[29]

因此吳利明就推論吳耀宗的想法，就是「假如暴力可以導致我們希望得到的結果的話，假如暴力可以達成社會的改造的話，我們便可以接納暴力作爲一種手段了。」[30]因此對吳耀宗來說，最關鍵的是如何得到一個「理想的結果」和一個「理想的社會改造」。由此看來，唯愛主義的精神將處於這「理想的社會制度」的主導之下。使本來吳耀宗是基於唯愛主義的引導而走向「理想的社會制度」這因果的次序被顚倒過來了！也就是說，只要能達到「理想的社會制度」的成果，甚至可以放棄唯愛主義的立場，這將會使唯愛主義失去其絕對性和獨特性。

到了一九三四年，吳耀宗在面對如何選取用「唯愛的方式」或「暴力的手段」來達到「社會改造」之時，所表現的立場就更動搖了。而事實上，「是否能夠不用暴力便可以改造社會」、「耶穌的方法（唯愛）是否能夠有效的解決社會問題」等等的疑問，在他經過一九三五年「一二八」吳淞炮台之戰事後，就愈發不能肯定。

一九三六年，當吳耀宗討論「基督教與中國重建」時，也討論到和平主義和暴力之間的爭論，並指出唯愛方式之不能成功，是因人們在實踐唯愛的途徑上出問題，而非唯愛主義本身的方法是否有效。他並提出一些立場給讀者參考，其中所論的如下：

> 1. 唯愛的原則是絕對的。一切接納這個原則的人都應該盡力去實踐它，同時也要反對一切違反這個原則的人或團體。
> 2. 雖然唯愛的原則是絕對的，一切接納這個原則的人，除了應該盡力實踐它以外，還應將它向其他人傳講。但是因爲很少人接納這個原則，所以假如是爲看得到眞理和公義，暴力是可以被使用的。而和

平主義者對其他人應該採取一種同情的態度，同時也在可能範圍內和他們合作。

3. 唯愛的路在原則上是絶對的，而在應用上只是相對的。因爲人對眞理的體認只是模糊不清，所以假如目的是正確的話，暴力是可以被接納的。
4. 暴力本身是中立的，所以假如暴力是出於愛的動機，那也就是正確的。[31]

從以上的立場可知，吳耀宗已相對的接納暴力作爲一種可使用的過度手段，並給予暴力合理的位置——只要是爲得到眞理和公義，其目的正確、動機是出於愛，這樣的暴力是可以肯定和接納。然而，這樣的立場就更接近馬克斯的理論，就是希望經過一段時間的暴力後，可以得到一個完美的社會制度。

由於吳耀宗本身立場的轉變，使他在一九三七年二月正式脫離中國唯愛社。同年七月，「七七事變」爆發，抗日戰爭全面展開，也使他的唯愛主義，發生了「基本的動搖」。[32]他在一九三八年中發表的一段說話，更能表現他的轉變，他說：

站在基督教的立場，我們要批評共產主義的手段，但是我們不要忘記，我們是生存在一個殘酷的社會中。在社會改造的過程中，就是我們也不能避免使用不是最理想的手段。[33]

因此，吳耀宗已接納暴力作爲一個不是最理想的手段。雖然不能在理論上加以辯護，卻在實際的因素下加以容忍。正因如此，吳耀宗已明顯的改變其原有的立場——「那些經過暴力革命成功的社會，也將留下一個不健康的氣候 (an unhealty atmosphere)，若長期存在這些因素的話，那將難以發展一個新的社會意識。」[34]所以當他容許使用暴力的手段來「改造社會」時，**這也是否表示他對社會改造的觀點上放棄「站在基督教的立場」，而站在共產主義的立場上呢？**

在一九四八年七月，吳耀宗明確而公開地表示，昔日所抱持之唯愛主義已不合時宜：「唯愛主義者以非戰爭來提倡世界和平，如果這只是個人爲他的信仰作見證，倒無可厚非。但如果他認爲世界和平可以完全用愛的方法來獲救，那實在是一個空想。」[35]從這觀點已可以反映出，吳耀宗在面對中國問題和唯愛主義所持的觀念較符合實際之需求。

回顧吳耀宗在一九三四年已了解到「有的人想，唯愛主義是帝國主義者的煙幕彈，標榜著好聽的口號，而內容是空洞無物的，也有的人想，唯愛主義的作用是把人民麻醉了，使他們的革命意識模糊起來。許多相信共產主義的人把唯愛主義認作比資本主義更危險的敵人。」當時吳耀宗對這些批評，認爲是「誤解，我們都不必去管它」。[36]而此時的吳耀宗已消除了接納共產主義的最大阻礙——暴力革命的手段。當中國共產黨在一九四九年正式掌權之後的第二年，他更說：

> 現在，我已經不再是一個唯愛主義者：我知道唯愛主義只是帝國主義用來麻醉被侵略、被壓逼的人民的一種宣傳，我知道只有把愛國主義和國際主義聯繫起來，才能了解怎樣去「愛仇敵」。[37]

總觀以上所說，唯愛主義確實使吳耀宗對「救贖中國」的關注轉到整體社會制度的層面，並促使他認同社會主義的理想與目標。然而當他認定「社會改造」的必須性和重要性時，這反而顛倒過來主導了他的唯愛革命的立場。

經過中日戰爭和現實政治的激盪，使他對暴力的態度有所改變，同時也使他對以唯愛主義的方式來改造社會的理念，不再作過高的評價。但是當他放棄了唯愛主義的立場，是否也代表他同時放棄了過去所持守基督教唯愛的社會倫理立場？假若「唯愛主義」不能作爲現世整體社會改造的最高指引，那是否也不應以「唯愛主義」作爲建構現世理想世界的基礎？當吳耀宗以唯愛爲基礎來提出「宗教革命與配合共黨」的模式時，似乎仍沒有就以上的問題加以深入的反省，反而更進一步默許暴力的革命手段，按馬克斯的觀點視暴力作爲「歷史的定律」，作爲「要翻身」、「要解放」所不能避免的革命手段。[38]

## 第九章註釋

1.查時傑：「吳耀宗」（五），《基督教論壇》（台北：民國77·3·13），頁2。

2.吳耀宗：「唯愛主義與社會改造」，《社會福音》，頁103。

3.吳耀宗，「中國基督教學生運動當前的事業」，《眞理與生命》，第四年第十四期，頁5。

4.同上文，頁5。

5.同上文，頁7。

6.沈德溶：「吳耀宗與唯愛主義」，《天風》，第九期(1989)，頁8。

7.同上頁。

8.吳耀宗：「中國的基督教往那裏去？」，《社會福音》，頁130。

9.同上頁。

10.吳耀宗：「我們今日的使命」，《社會福音》，頁137～138。

11.同上文，頁138。

12.吳耀宗：「中國的基督教往那裏去？」，《社會福音》，頁132。

13.吳耀宗：「唯愛主義與社會改造」，《社會福音》，頁101。

14.同上文，頁102。

15.同上文，頁105～107。

16.同上文，頁109。

17.同上文，頁111～113。

18.所引吳耀宗語，參吳利明：《基督教與中國社會變遷》，頁107。

19.沈德溶：「吳耀宗與唯愛主義」，《天風》，第九期（1989），頁9。

20.同上文，頁9。

21.同上文，頁10。

22.吳耀宗：「基督教與唯愛主義」，《社會福音》，頁126。

23.吳利明：《基督教與中國社會變遷》，頁106。

24.Wu Y. T., “Reconciliation and Revolution”, *Chinese Recorder,* Vol. 65, p.303.

25. Ibid., p.303.

26. Ibid., p.302.

27. Wu Y. T., "Make Christianity Socially Dynamic", *Chinese Recorder*, Vol. 76, p.11.

28. 吳耀宗：「鞶鼓聲中的唯愛」，《社會福音》，頁93。

29. 所引吳耀宗語，參吳利明：《基督教與中國社會變遷》，頁108。另參 Wu Y. T., "Reconciliation and Revolution", *Chinese Recorder*, Vol. 65, p.301.

30. 吳利明：《基督教與中國社會變遷》，頁109。

31. 同上文，頁109～110。

32. 吳耀宗：「共產黨教育了我」，《天風》，第二七一期。

33. 所引吳耀宗語，參吳利明：《基督教與中國社會變遷》，頁110～111。

34. Wu Y. T., "Reconciliation and Revolution", *Chinese Recorder*, Vol. 65, p.301.

35. 吳耀宗：「三十年來基督教思潮」，《黑暗與光明》，頁197。

36. 吳耀宗：「唯愛主義與社會改造」，《社會福音》，頁109～110。

37. 吳耀宗：「共產黨教育了我」，《天風》，第二七一期。

38. 吳耀宗：「人民民主專政下的基督教」，《黑暗與光明》，頁265。

# 第十章 「宗教革命與配合共黨」的模式

## 時代背景

一九二一年七月中國共產黨正式成立，「他們所提倡的馬克斯社會主義和列寧的帝國主義，吸引了當時思想激進的知識青年，他們意欲將傳統的舊套忘掉，更想對抗列强的欺侮。」[1]

事實上，當時中國在動盪不安的二十年代，無論是五四運動或非基督教運動所帶來的衝擊，都可算爲回應當時的「國家主義」。五四運動期間各種政治理想吸引了當時的知識分子的注意，其中以不同形式的社會主義和共產主義較爲吸引，故其後國民黨與共產黨所組成的聯合政府中也包含各種不同的社會主義革命思想。[2]

檢視當時的中國教會，在面對馬克斯主義要作出回應時，就有不少中國基督徒站在「國家主義」的立場上和面對列强侵凌的情況下，贊同社會主義者對資本主義的批評和定罪，[3]也有一些基督教人士力求回答基督教宣教運動是帝國主義的侵略工具這問題。[4]這些都是教會當時急需回應的時代困難，在教義方面，就基督教與共產主義能否在中國共存的問題上，實有許多不同的觀點和見解，有人極力反對馬克斯的社會主義立場，也有中國基督教徒願意指出兩種理論相同之處，並對其合作的可能性表現樂觀的態度。

前香港中國神學研究院中國教會史講師林榮洪先生，在他的博士論文中指出到了二十年代末期，當教會答覆反教人士以馬克斯主義立場來攻擊基督教時，就有：

> 許多教會領袖設法提出一套强調合作性的護教理論……不少信徒都存著盼望，就是基督教與共產主義能共存在一起，而基督教協助去修改和補足共產主義的運動……他們相信，基督教可包容共產主義最終要達成的目的，這更使共產主義在現代的世界中成爲一股建設性的力量。[5]

故此在三十年代的吳耀宗可算爲承接了這方面的工作，漸漸成熟地提出他的宗教革命與配合共產黨的救國模式。

本文在這章裏將先探討吳耀宗對宗教本質的理解，接著看他對基督教的觀點及如何配合共產黨所提倡的革命。

## 「宗教革命」本質的理解

早在一九三一年，吳耀宗在面對馬克斯主義者視「宗教是一種痲醉物，是人民的鴉片」時，他就指出：

> 其實宗教……不但不是麻醉藥，而且還是一種興奮劑，因爲宗教是要發現人與人當中的法則，而實現一種使社會能共同發展的關係，即如基督教信仰上帝，不是求來世的幸福，忽略今世的努力，乃是要將天國實現於世界……已往和現在的宗教，的確有許有多麻醉的成分在內，這是極需從宗教裏面剷除。[6]

可見，他期望在基督教內找到「人際的法則，社會的關係」，並且期待以此作爲興奮劑，成爲天國實現於世界的指引。

由此可看到吳耀宗的神學工作，實爲回應馬克斯對宗教的批評，他確定可以代表中國教會在三十年代，正面又肯定的回應馬克斯主義的佼佼者，認定宗教不應是社會主義革命的阻力，反而應是革命的助力，成爲一種革命精神力量。

此外，吳耀宗在他的名著「社會福音」裏就明確的指出：「宗教是人生的宗教……宗教應當在人的各方面的生活裏表現出來……要把充滿生意的宗教，灌注在人的生活的各方面裏，以建設未來的理想社會。」基於這點，吳耀宗認定「初期的基督教是一個充滿熱烈情感，充滿了革命的精神的宗教……二千年來的基督教，偏重了個人的得救，忽略了社會的改進。」[7]

對吳耀宗而言，耶穌基督的宗教就是一個革命的宗教，更是一個社會革命的宗教。事實上，在吳耀宗的思想裏，宗教的本質就是：

> 有限的人生在奮鬥中對宇宙間無限的眞善美一個亙古追求，是渺小人生在軟弱中向創造它的力量的一個懇切的呼籲，但在宗教的應用方面，卻可以提取某時代所特別需要的養料，去幫助我們完成某時代所賦予我們的特殊使命。[8]

吳耀宗認爲人類是在歷史裏成長的，每一個時代都有它特殊的使命，去面對他所認定的「時代的末期」——資本主義的結束時期，社會主義開始的理想時期。吳耀宗選取了基督教信仰裏「眞理與愛」作爲救國、救時代的養料，正如張月竹所說：「吳先生的信仰有兩個特點，一個是唯眞，一個是唯愛。」[9]

但是這些「眞理與愛」在哪裏可以找到呢？對吳耀宗來說，當然在基督教裏的「耶穌那愛的福音和上帝那眞理本質」中找到，更重要的是吳耀宗用這兩個基督教的特點，來作爲「救贖中國」的實踐動力與南針，並以此來配合共產主義的革命理論與精神，現在我們就分別來看看吳耀宗眼中兩個基督教的特點。

## 宇宙眞理的上帝觀

吳耀宗在一九四三年所著《沒有人見過上帝》一書，希望建立一套能與唯物論相融和的上帝觀，以回應當時激盪的思潮，及力求能面對科學主義的挑戰。藉著這樣的上帝觀可以成爲人類社會革命力量的來源，故此他的許多文章，都朝這方向來發表及討論。

吳耀宗對傳統基督教神學，將上帝當作一個可以離開客觀世界，又可以直接認識的獨立存在，持有不同看法。他認爲傳統基督教神學只是運用玄想、形式邏輯的方法，給上帝加上一些「屬性」(attributes)，說上帝是「全知」、「全能」、「全愛」。[10]吳耀宗認爲離開客觀世界就可以認識上帝本身和祂的屬性，這實在太渺茫了。

在吳耀宗眼中，「上帝不是人的意識，人的幻想所構成純粹主觀的東西，而是代表著人對於現實世界上的一種了解。」[11]對他而言，上帝本身只是一個名詞，一個概念，「要緊的不是上帝這個名詞，而是這名詞的涵義和它所代表的事實。」[12]這名詞是「代表著客觀地存在著的宇宙裏許多可見的現象。只是人把這些現象綜合起來，加以解釋，說它們是從上帝出來的，表現著上帝」[13]所以說上帝就是宇宙的一個統稱，而宗教就是與「宇宙全體」所發生的關係，就是把客觀地存在著的宇宙現象加以擬人(anthropomorphic)的推論而已。

吳耀宗認爲上帝是一切物體的本質，是推動宇宙和統一宇宙的動力。「我們相信在這宇宙中有一股力量在滲透著和支持著一切的生命……而這滲透著和支持著宇宙一切的大能，就是我們信仰的對象。」[14]此外，吳耀宗强調「上帝的本體我們看不見，但我們可以看見上帝的作爲，上帝的作爲就是他在宇宙萬物中所表現的眞理。」[15]他說：

這個眞理，就是使宇宙的萬物，在同一規律支配下被聯繫起來，使宇宙可以被稱爲「一個」(universe)而非「多個」(multiverse)的主要因素。所謂上帝可以說就是一元化了、人格化了，情感化了的那個貫徹著宇宙，支配著人生的普遍的眞理。[16]

所謂「一元化」，就是認定宇宙間有一個「客觀力量」，是一元而不是多元的，是在人以外，左右人的生命和一切，是人所不能控制的「客觀力量」。只是這個一元化的客觀力量被人情感化和人格化了；因爲人有情感，人是情感的動物，正因爲人有這樣情感的需要，「所以人就會意識地或非意識地把客觀的事實和客觀的眞理，人格化和情感化。」[17]

吳耀宗認爲人有情感生活的需要，故此在面對生活上種種厄運，雖然人可以有不同的反應，「但她可以像一個宗教家，在宇宙間找一個『撐腰』的力量，對現實爭取一種積極勇敢前進的態度。」[18]而這個宇宙間的支持力量，更可作爲生活標準的力量，如同儒家所謂天道的信仰——達到「殺身成仁」、「捨生取義」而無所惜的精神境界。

上述對宇宙眞理情感化的態度，吳耀宗認爲可以在一個社會革命者身上看到，甚至可以找到同樣的信仰態度。他有這樣的描述：

一個完全不相信宗教的社會革命者，對於宇宙和人生，也可以得到實際上與宗教家相同的信仰。他相信革命是必定會成功的，因爲在他看，社會的變革有著歷史的必然性，而這個必然性，不是由於人的意志，也不是由於神的意志，而是一個自然的法則。在革命低潮的時候，在反動力量瀰漫的時候，一個革命者所以能夠不爲時勢所動搖，及能利用時勢去造成新的局面的，就是由於他對這歷史必然性的堅定的信仰。表

> 面上這似乎和宗教的見解完全不同，但實際上，這二者相信宇宙有一個力量，按照一定的法則去熔鑄歷史，引導人生，卻是一樣的。這個力量，不管我們稱它作「上帝」或「辯證法」，對人生所能引起的作用，卻是一樣的——雖則這樣說法，對於一個正統派的唯物論者和一個正統派的宗教信徒，同樣是一個荒謬絕倫的異端。[19]

所以吳耀宗認為，「這個上帝觀，我們又可以因著對客觀事實認識的進步，而隨時把它修正，把它的內容充實。」[20]在他看來，上帝是貫徹宇宙的眞理，誰都可以體認它，而不一定只局限於基督教的信仰內。

吳耀宗選取了十七世紀歐洲的哲學家斯賓諾沙(Spinoza)的思想來闡釋他的上帝觀。他說：

> 斯賓諾沙的上帝觀，和我們所提出的上帝觀，在基本上有一些相同之處，因為他把上帝和客觀的宇宙，看為同一東西，這好像我們所說的，只有從宇宙的現象中去認識上帝，離開這現象，我們就無從認識上帝。這是所謂泛神論。但基督教的上帝觀，卻在這上面加了一些東西，使它與斯賓諾沙的上帝觀和唯物論的宇宙觀不同。[21]

但根據謝扶雅[22]對吳耀宗思想轉變的探討，認為吳耀宗深感興趣的斯賓諾沙的哲學和神學思想是屬於泛神論派，他說：

> 神即自然，自然即神。這樣，斯氏與老子的「道即自然，自然即道幾全相同。就神學思想而言，泛神等於無神，因為，既然到處是神，無一物非神，則又何貴乎神，而何有於神呢？……故斯氏的思想在一般基督教神學思想史則不予收錄。[23]

所以對吳耀宗而言，基督教的上帝觀、泛神論與唯物論的宇宙觀，基本上「沒有絲毫的衝突」，三者都是對內在於萬物中的原則或眞理的一種理解。他認爲這是一種「橫的看法」，就基督教神學而言，這是所謂「內在的」(immanent)上帝。只是他進一步指出基督教的上帝觀，不但有此「橫的看法」，也應加上一種「縱的看法」，就是神學上所謂「超然的」(transcendent)上帝。這使基督教的上帝觀與泛神論和唯物論的宇宙觀有所不同。所謂「超然的」，就是超乎萬物之外的意思。他曾以此比喻說我們對於一個知友，不但看他的外表，也和他「發生神交」。[24]這樣與「內在於萬物中的原則或眞理的一種理解」有情感和精神的交往，就是一種「縱的看法」。

但對吳耀宗而言，其他思想系統和宗教信仰都同樣帶有「縱」的成分，只是彼此著重點，和注重者程度不同而已。因此，對於一件事情，不只在「橫」的方面，看它一時的演變；也從「縱」的方面，看出它必然的趨勢，同時把這個趨勢看成一種「確信」，而成爲支持人類生活下去及前進的力量，他認爲這就等同於基督教對上帝的信仰。[25]當然他認爲這可以在一個堅信「辯證法」的社會革命者身上同樣找到這「縱的看法」。

從以上的討論，吳耀宗認爲他已經成功地，將基督教信仰和唯物論固有的衝突調和了，達到互相綜合的情況。就兩者的差別以及綜合的互相補充，吳耀宗曾這樣的說明：

> 以唯物論爲根據的社會科學，可以使基督教的人道主義，得到更有效的表現，更科學的基礎。同樣的基督教對於人的看法，關於人與人相處的道理，也可以使唯物史觀的社會革命理論，更顧念到它裏面人事的成分。我抱著一個信念：我認爲唯物論者的所以否定宗教，不只是因爲理論的邏輯，同時也因爲歷史上宗教的反動成分和迷信成分，而一個合理的宗教信仰，一個能夠發揮它的進步性的宗教信仰，並不和唯物論衝

突，卻可以和唯物論互相補充。[26]

此外，在吳耀宗眼中，他依然確信上帝是貫徹和支配整個宇宙的力量和眞理，而這股力量和眞理在兩方面可啟示出來。就客觀事實而言，就是支配整個宇宙的自然律，也就是我們可看到的「自然現象」。而就人類社會而言，就是「愛的法則」，愛是人類社會組成所不能分離的元素。[27]他指出在我們每一個人當中也有屬神的部分，這就是我們的價值和尊嚴所在。吳耀宗說過，上帝的計劃是要萬物能夠在一個理想的環境中發展，愛就是那個理想的環境，是最能維繫人類社會的一股力量。所以「愛」就是上帝對人的旨意，從人的立場來說，上帝就是「愛」。[28]

但是人類只能夠模糊的體會上帝的愛，只有藉著耶穌基督，把上帝的愛啟示出來，這就是「愛的福音」。對吳耀宗來說，更重要的是，這愛的福音甚具有社會革命的積極涵意。

總觀而言，吳耀宗在處理這兩種不同的思想體系，表面上已經成功地將唯物論和基督教的上帝觀調和起來。但是我們可以看到，吳耀宗的上帝觀，是甚具自由主義神學以人爲中心(anthropocentric)的上帝觀。另一方面在泛神論(Pantheism)的哲學下，失去基督教上帝本身客觀成分(objectivity)的特徵。把上帝視爲人類主觀成分(subjectivity)的投射與經驗。故此就沒有所謂「基督教的上帝觀」，那只能說是「吳耀宗的上帝觀」。

此外，吳耀宗在討論上帝的「內在」(immanent)和「超然」(transcendent)時，沒有明確的區分二者的差別與關係，在其討論「內在」的上帝時，只把其視同泛神論的觀點，而沒有區分基督教「內在」的上帝與泛神論的差別。在討論「超然」的上帝時，就更爲模糊不清，「超然的」上帝本應是完全獨立於宇宙萬物之外，但吳耀宗最後還是把這超然的上帝，視作人對宇宙萬物一種情感的投入，這已不是基督教所討論的「超然」的上帝了。

在《沒有人看見過上帝》一書的後記裏，吳耀宗指出他這樣調和的工作，在主觀感受上他很滿意，但客觀方面，他亦認知到，也許「已經遠離傳統基督教信仰的正軌」[29]。縱使吳耀宗有這樣的認知，但他並沒有修定其上帝觀。反之，他不斷演繹這個上帝觀，以使其能配合共產主義的唯物論社會革命。

## 耶穌基督革命性的福音

我們已經看到，吳耀宗在從事上帝觀的討論時，主要不是探討「基督教的上帝觀」，而是在一個選定的方向上建構另一套上帝觀，以配合共產主義的社會革命。現在我們來看看吳耀宗如何討論耶穌基督的福音，以使其可以進一步使基督教配合共黨的革命。

### 耶穌偉大的革命人格

在我們未論吳耀宗如何理解耶穌基督革命性的福音時，我們要先明白，對他而言，耶穌基督並不是基督教傳統所認信的「代贖性的救主」(Substitutionary Atonement)，而只是上帝的啟示者，是把那位「眞理和愛」的上帝啟示出來的。他說：「耶穌基督是那被我們稱之爲上帝那個强而有力的力量(powerful force)的獨一啟示者，在祂裏面我們得見『眞理和愛』的肉體化和人格化。」[30]

那麼耶穌是如何把上帝啟示出來呢？據吳耀宗所言，是耶穌基督那獨特的「人格」把上帝啟示出來的，他說：「是在耶穌的偉大的人格中，看見了上帝。」特別在「十字架上的耶穌」看見了愛最高的表現，而這就成了他信仰的中心。[31]我們不要忘記，吳耀宗信仰基督教正因爲見到登山寶訓中耶穌偉大的人格，而更重要的正如張月竹所說：

> 吳先生的信仰並沒有僅僅的停留在對信仰認識的個人體驗上，他以基督教的精神爲他社會實踐的指導，把他的視線投向了當時災難深重的中國社會，以基督徒

的愛心，以對中國前途的憂患意識，在社會中作了大量的工作。[32]

此外，吳耀宗自己也曾說：

耶穌沒有給我們一些生活上瑣碎的規矩，也沒有給我們改造社會的具體方案，他所給我們的是生命的活力，是人生的透視，這些東西是革命的偉大的力量，是作爲大時代戰士所不可缺少的武器。[33]

吳耀宗對耶穌基督人格的體驗是他信仰的要點，他只限於關注耶穌人格的精神。而這樣的人格我們都有，因爲他認爲「耶穌是一個血肉的凡人」，與我們一樣，只是他說話有權威，能夠「醫治疾病，尤其是屬於心理和精神方面的疾病……由於祂能夠充分發揮一般人所蘊藏著而不能發揮的力量。」[34]所以人視爲神蹟，當然，耶穌人格中最爲獨特之處，在於祂面對死亡時，最終願意服從「上帝的旨意」，這些正是耶穌「超人的成分」，吳耀宗認爲我們都有這些超人的能力，「只因爲我們有著許多精神上和生活上的障礙，所以不能把這種能力發揮出來。」[35]他期望耶穌這些超人的成分，能成爲中國甚至世界的一個出路。他說：

我看見一個異象——只是一個異象——異象裏有一個新世界，新世界裏面是一些「超人」，他們的生活是愛是眞的結晶，我向它追求，我爲它的緣故把我整個的生命獻上。[36]

簡言之，耶穌那愛和眞的生命，那個超人的成分，都在十字架上表現出來。吳耀宗認爲耶穌在十字架上顯示了「上帝慈感的能力」，他說：「我們因爲這個愛，就能與上帝成爲一體。」[37]而不用相信這是上帝對世人救贖代價的要求，他認定「基督教以耶穌在十字架的犧牲，爲人類得救的象徵。」[38]這個象徵就是耶穌的使命。

## 耶穌宗教革命的使命

吳耀宗明白在基督教的歷史裏，對耶穌的使命有許多不同的理解，不同的派別有不同的想法，其中「有的人認爲耶穌的使命，是救贖有罪的世人，是一種完全屬靈的工作；有的人卻認耶穌所宣傳的，卻是一個『社會福音』，是充分含著革命性的福音。」[39]他本人就明說自己是偏重「社會福音」的。不但如此，並且他相信耶穌基督是一位社會革命的領袖。

但耶穌是否當時的革命領袖呢？吳耀宗的回答是既肯定又否定的，他對耶穌時代的社會情況有這樣的分析，因當時的猶太民族，是長期在亡國的情況下，經歷埃及、亞述、巴比倫、波斯、希臘、以至羅馬等國的管治，「當然希望能夠重新建立一個自由獨立的國家，使他們能無拘束地事奉他們的耶和華，故此他們希望有一個領袖出來，領導他們去作這種革命的工作，這就是他們彌賽亞觀念的所由產生。」[40]並且這些人所相信的是「政治的彌賽亞」和「神怪的彌賽亞」，他們希望耶穌出來作政治領袖，領導他們用武力來推翻異族的統治，他們相信，上帝必定會用奇能來幫助他們。

吳耀宗認爲耶穌基於兩個原因而反對上述觀念：第一，當時羅馬帝國力量强大，猶太只是一個小國，即使武裝起來，也是徒勞無功；第二，猶太內部的情況，太過腐敗。當務之急不是對外，而是自新。因爲當時的社會領袖，有的勾結統治者來剝削人民，有的拿繁文禮節來束縛民衆。可是這些被束縛被壓迫的人們，大多數都愚昧無知，只有愛國的熱誠，而無具體的辦法。

面對這樣的情況，吳耀宗認爲耶穌提倡的「革命運動」，是一種「宗教的革命」。猶太的宗教是籠罩一切的，是和政治、經濟、社會分不開的，故此，「宗教的革命，實際上也是政治、經濟、社會的革命……在當時的猶太情況下，宗教問題是基本的問題，宗教問題解决了，其他的問題便可迎刃而解。」[41]耶穌不只是提倡，他本身就是一個徹底的革命者，當然「革命要有正確的思想，作行動的領導，耶穌當時所作的，也就是一個思想和信仰的革命運動。」[42]雖然這個運動同樣沒有使猶太得到政治上自由，但它作了一件更重要的事，「就是給猶太人民指出一條正確的解放的路……不但從羅馬的統治被解放，也是從自己的迷信，愚昧和罪惡中被解救。」[43]

那甚麼是正確的思想，正確的解放之路呢？吳耀宗認爲就是：

> 一個有愛上帝和愛人如己的價值的人，一個像耶穌一樣，富有正義感，不惜犧牲生命大膽指責當時的領袖的人……不但這樣，他還要努力使天國在全世界實現，要自新、自强、自覺，然後能自救……這就是耶穌當時所宣傳的福音的主要目標。[44]

這樣的主張就是宗教改革，具有革命的精神，要求改革現狀，爲眞理作見證，爲促進天國的實現流血，而耶穌就是爲此而走上十字架的道路，「死於反對傳統的宗教，和他的使當時愛國羣衆的失望。」[45]

## 十字架的道路──「眞理與正義」的表徵

吳耀宗認爲耶穌在十字架上的表徵，是代表著信仰的勝利，就是「眞理和正義」的勝利，故此「耶穌的使命」，就是活出一個「眞理和正義」的生活，耶穌的死是因爲忠誠於「一位愛的上帝」，以及革命性的使命。吳耀宗對這個「愛的上帝的革命意義」作以下的說明：

> 上帝是愛，上帝是人類的父親，人是上帝的兒子，因爲這樣，在上帝的眼中，人是具有無限價值的……在耶穌看，凡是否認人的價值的，無論是制度，是階級，是個人，是國家，我們都應當去反對，因此我們

相信，如果耶穌生於今日，他對於剝削人的社會制度，和摧殘人類的侵略與戰爭，也必定是反抗的。[46]

基於這樣的使命，這樣的信念，耶穌成爲革命的領袖，宣揚革命性的福音，甚至付上生命的代價，走上十字架的道路。雖然表面看來，耶穌在十字架上是死了，但吳耀宗卻這樣說：

似乎耶穌沒有勝了世界，他被釘死在十字架上；似乎良善，正義、眞理也一同被釘死了……但是耶穌卻是勝利，因爲自始至終，耶穌的信仰是勝利的信仰，他把社會的醜惡和歷史的進程，看得清清楚楚，他沒有幻想，因此他就沒有半點的失望或悲觀，他知道他自己是一定勝利的——勝利的不是他自己主觀的願望，而是他所代表，所宣揚，爲他獻上自己的生命的客觀眞理上帝。[47]

耶穌的勝利是「眞理與正義」的勝利。

當然吳耀宗認爲耶穌之勝利，在於他勇敢的面對十字架，並能繼續信靠上帝——一位愛的上帝。但是一位愛的上帝，祂的旨意怎可能讓耶穌順服至死，且死在十字架上，這不是很矛盾嗎？吳耀宗認爲在世界上有許多苦難，有的可以避免，甚至完全消失，但有的是無法避免的，如天災一樣。在面對這些時，耶穌「認爲苦難只是上帝所給予人類的一種磨煉，上帝是要在苦難中成全我們的。」[48]吳耀宗就說：

基督教一個最大的貢獻，就是教人從痛苦與失敗中得到勝利，這並不是叫人屈服於痛苦與失敗，被它們所降服；相反的，基督教是教我們以積極進取奮鬥犧牲的精神，去應付人生一切的痛苦，耶穌的十字架就是一個最好的例證……十字架的精神是偉大的犧牲精神，是人類得救所必不可缺少的精神，世界之所以能進步，人生之所以有意義，就是因爲這種精神的存在。[49]

假如人生的痛苦是來自自然界，就可以用科學來消除；若來自人事界，則可以人力來改革，在面對人生的苦厄時，「上帝也給人勝過苦厄的能力，叫他能夠改造社會的環境，甚至能改造自然的環境，使人生的苦厄逐漸減少，雖然它不能完全消滅，在人生沒有達到完善的境界以前，苦厄是不能避免。」[50]那時就要用十字架的精神，用積極的態度去克服並改造，甚至付上生命的代價，爲要完成上帝的旨意，耶穌在十字架上的表現，正代表著一種積極的態度，勝過一些現階段所無法勝過的苦厄，對人類而言，現階段就是要爲「眞理和正義」作見證，改革一切不合「眞理和正義」的社會制度，甚至採用革命的手段。

## 耶穌革命的實現——精神復活的基督

當然耶穌不是就這樣死去，祂是復活的，不是肉體的復活，是一種精神的復活，這怎樣理解呢？吳耀宗認爲「理智不能給我們一個滿意的答覆……經驗卻可以給我們一個充分的說明。」[51]這就是歷代耶穌信徒的經驗，他們見到十字架偉大的精神，得到一種深刻的經驗，「是一種勝利的經驗，使他們勝過他們的罪，他們的懼怕，使他們大膽地向著社會的現狀挑戰，向著黑暗的勢力進攻。」[52]故此，我們也要得到這樣的經驗，他說：

> 復活了的耶穌，不只要做我們的人生活的主宰，在今日混亂黑暗的世界中，他也應當是我們社會生活的動力與南針。現在世界一切罪惡的根源，是人類的自私。這個自私，表現於剝削掠奪的社會制度，表現於彼此敵對的國際關係，也表現於人與人之間的欺騙，僞善與冷酷。而我們所要的要求，是一個公道平等，共勞共享的社會。這就是愛，這就是道，道是必須成

為肉身的，愛是必須在一個新社會裏表現出來的。在這個新的社會裏，人們才能除掉他們物質的束縛，打破他們精神的枷鎖，在一個自由的平等的環境裏呼吸著，生活著。[53]

吳耀宗認為這些都不是幻想，因為耶穌的復活，正顯示黑暗的勢力是暫時的，他說：「統治世界的不是黑暗的魔力，而是光明的上帝，是祂的公義慈愛的旨意……所以眞正相信耶穌的人，眞正靠賴上帝的人，是永遠不悲觀的。」[54]而且，這個精神所在正是耶穌「愛的福音」。吳耀宗强調，愛不是姑息，是要與罪惡為敵，要和罪惡抗爭，「因此，愛就需要犧牲，需要流血，但是基督的愛，卻不是要犧牲別人，而是要犧牲自己。」[55]十字架的精神正是愛的最高表現，「這樣的愛不只是公道，而也是救贖；它使人棄惡趨善，不再作罪的奴隸。」[56]

吳耀宗認為「我們的世界是罪惡的世界，是苦痛的世界，我們不能救自己，只有愛的福音，能把我們救出來。」[57]「愛的福音」就是基督教的中心思想，那甚麼是「愛的福音」呢？就是「上帝是愛」，「上帝愛世人」，「你們要彼此相愛」，「你們要愛仇敵」，他更這樣描述：

這個愛是廣大無邊的，是超越時空的，是亙古長存的，這個愛，不只要把人類的社會變得更平等，更合理，也要把人的內心，變得更聖潔，更和諧；只有愛能把人類徹底地改造，只有愛能使世界變成地上的樂園。[58]

在耶穌勝過世界不公不義的過程當中，這個愛的福音，正是要人走上十字架道路，活出「眞理和公義」的勝利，對罪惡的勢力加以指責，以達到天國實現在人世間。但是在實踐這個公義與愛的精神時，如何面對罪與罪人的關係？因為基督教的主張是愛，把恨當作消極和有破壞性的，故此基督教常把罪與罪人分開，好像有人說耶穌只恨罪，卻愛罪人，甚至敵人也愛。故此，我們不應强取社會的公義。吳耀宗認爲這不是耶穌眞正的精神所在，因爲這樣把罪與罪人分開時，就容易對罪惡採取一種姑息妥協的態度。他認爲「耶穌是恨罪人的現實，但卻愛罪人的可能，祂恨罪人，卻不以爲他們是不可救藥的，祂對罪人存有希望，相信他們悔改的可能」，[59]這正是吳耀宗相信人被改造的可能。只要人明白到耶穌偉大的人格，愛的福音，並且跟從而行，就可以被改造的。

我們大致可以看到吳耀宗如何理解耶穌基督的「宗教革命」。耶穌對人類社會的最終目的，是要人活在自由和愛當中，除去人類的罪惡和自私，來建立一個人間天國。對他來說，這樣的目的就與共產黨所提倡的共黨主義十分相似，大家都希望建構一個大同的世界，一個完全實現愛和自由的社會，故此，兩者就有結合的可能。更何況在他對唯愛主義的反思下，承認耶穌的唯愛，因人性中罪的趨向，而不能在今天完全的實現。只是他認爲在此不理想的環境中，仍然追求理想，即使不能完全實現理想，也要努力使我們的行爲接近，才不會好像那不顧現實的理想主義者一樣。

吳耀宗進一步指出，「在不得已的情況下勇敢地用不理想的方法，去應付現實，同時叫我們深深地認識我們的缺欠，不斷的向著理想追求。」[60]這樣的態度與行爲正是帶著革命性的，不是軟弱的現實主義，也不是空虛的理想主義，他甚至認爲，只要我們把理想放在面前，就算我們做不到與理想完全相同的事，「我們還是已經盡了基督徒的本分，也許我們是成全了上帝對我們此時此地的旨意。」[61]這樣看來，吳耀宗對基督教裏耶穌福音的理解，已經與共產黨大致相合了。

## 吳耀宗對「配合共黨」的主張和擁護

從吳耀宗的上帝觀來看，確能消除與共產主義唯物論的明顯的衝突，並且能達到互補的作用；再加上他對耶穌基督的福音賦予革命性的社會意義，更不難理解，爲何能與共產主義的革命配合。吳耀宗曾說：

> 我相信基督教是要和這個革命運動合流的。基督教應當吸收最進步的社會科學的成果，因爲沒有社會科學，基督教就容易變成不切實際的空想。在另一方面，社會革命運動將來也必然地對基督教中精神生活和個人關係的寶貴教訓加以欣賞與重視。[62]

回顧吳耀宗早期對救贖中國的問題，他一直强調中國的問題在於「社會制度根本改造的問題」。中國必須經過一次革命，以達到計劃生產，共勞共享的社會主義國家。作爲一個基督徒，就應本著基督教的精神，來配合這樣的時代洪流達到天國的實現。正如在中日戰爭後，他說：

> 基督教是主張自由平等的，是主張徹底民主的，因此，它應當是進步的，革命的；只有進步的，革命的基督教，才能夠眞正表現耶穌基督的精神。基督教對這時代的使命，就是要把現在以人爲奴隸，以人爲工具的社會，變成一個充分尊重人的價值的社會，使人類不必再因利害的衝突，階級的對立，而演變成分裂鬥爭的現象。[63]

所以吳耀宗基本上是非常接納革命，也深信惟有透過這樣的革命，才能扭轉當時的中國社會局勢。

一九四九年，中華人民共和國成立，共產黨當權，吳耀宗對這個新中國，充滿信心和支持，形容爲中國「新時代」的開始。他更表明「新中國的前途，在共產黨領導之下，是絕對沒有問題的。」[64]以吳耀宗一個基督徒領袖的身分，對中國共產黨有這樣的支持和接納，在當時來說，可算是十分前進的。

另一方面，吳耀宗亦認爲在改造社會的事情上，基督教並沒有一個很明確的改造方案，只存在著一份革命精神，這樣惟有透過共產主義的社會改革模式，才能達致彼此共同的目標和理想。但對一般基督徒而言，面對共產黨時都存在三方面的疑慮：一、共產黨在推行革命時所採取的暴力方式；二、在共產主義管治下，如何實踐自由、民主；三、在一個標榜無神論的主義下，如何實踐宗教自由。吳耀宗在面對這三方面的疑慮時，均一一作出回應和解釋。

首先，在面對共產黨推行革命時所採取的暴力方式，吳耀宗就以「歷史的報復」這說法作出回應：

> 這個革命運動所用的暴力，正是現行制度中有形無形的暴力反應與結果，而這個革命運動的所以存在與發展，也正是因爲我們（筆按：指基督教）沒有盡到應盡的任務，從事於社會的革命，反而推波助瀾，把歷史的車輪拖住，讓基督教變成目前世界反動力量的工具。[65]
>
> 當我們反對別人使用革命手段去改造社會的時候，我們自己並沒有提出一種更好的辦法，而結果就等於我們主張維持現狀，那就是說，維持現社會裏已經存在著的許多有形無形的暴力，讓人民痛苦下去。[66]

其次，在面對共產主義管治下，有人因蘇聯的經驗而反對共產主義，認爲在這樣的社會裏，個人會失去自己的自由，吳耀宗就作了以下的答覆：

> 我們相信個人的自由應當保存，但我們卻不能相信，它應當在舊社會形式下被保存。如果蘇聯眞的沒有個人的自由，沒有政治的民主，那只是我們在建設新社會的歷程中所遇到的一個挑戰，而不能成爲我們主張維持舊社會的托辭。[67]

進一步來說，吳耀宗更相信「共產黨的力量，是建築在人民的身上；共產黨是同人民打成一片的；共產黨並不懼怕人民，所以不需要把人民的自由剝奪。」[68]

最後，面對宗教自由這課題，吳耀宗不認同在無神論主義下會失去自由；相反，他認爲共產主義是尊重人民的，所以在「人民政協」的明文規定下，人民享有宗教信仰的自由。但是，吳耀宗也清楚，共產黨對宗教的承認和尊重，是有條件的。若所傳的宗教是反動的、迷信的，他們是會干涉的。吳耀宗更強調，「現在教會所宣傳的福音，大半是遺世獨立，個人得救的福音。這種福音，因脫離現實，很容易與反動力量打成一片。」[69]

從吳耀宗對以上的回應，已清楚的反映出他對共產黨的接納。對基督徒而言，吳耀宗也提出革新基督教的三種途徑，以回應新中國的時代。

首先，吳耀宗提出「基督教應當自動地肅清帝國主義在它裏面的力量和影響。」而帝國主義文化侵略的毒素正表現在兩方面：

> 第一、是「超政治」的思想，叫我們中國信徒不愛祖國，叫我們中國信徒脫離進步政治，擁護反動政治。這毒素在基督教內是根深蒂固的，特別是在「屬靈派」的同道中間。第二、是「改良主義」，所謂「改良主義」就是粉飾門面，逃避階級鬥爭的「頭痛醫頭腳痛醫腳」的辦法。受這毒素最深的，是所謂「社會福音派」。[70]

其次，吳耀宗也提倡教會內部的的改革，就是中國教會自治、自養、自傳原則的實現。所以中國教會首先要擺脫對西方資本主義的經濟依靠，以便達到自治的目標。在自傳方面，最重要的並不是由誰來傳的問題，而是傳甚麼的問題，故要從傾向逃避現實的西方神學系統中解放出來，同時要重新去尋找基督教的中心思想，爲中國人建立一個新的神學系統。[71]

最後，吳耀宗認爲，教會的任務就是要在國家建設的事工上與政府合作。因爲教會和政府已彼此了解，完全合作。

從以上的分析，就更能明白吳耀宗如何將基督教與共產主義相配合，同時亦透過他自己的一段話，作爲他對這配合的工作之總結，他說：

> 基督教必須知道：現在的時代是人民解放的時代，是舊制度崩潰的時代，同時也應當是基督教除舊布新的時代。基督教必須知道：它自己已經重新把耶穌釘十字架，重新用送葬的衣服，把他緊緊地裹紮起來。基督教必須知道：它已經不是醫治世界痛苦的萬靈藥的專賣者，相反地，上帝已經把人類得救的鑰匙，從它的手中奪去，給了別人。總一句話說，基督教必須大徹大悟，讓舊的軀殼死去，讓新的生命來臨。[72]

吳利明認爲吳耀宗這樣「和政府的完全認同，甚至將政府提升到上帝旨意的執行者，救贖的鑰匙的持有者的地位，他可能已經放棄了信徒和教會那先知的職責。」[73]面對這樣的評論是否持平，就要視乎評論者所站在的神學或政治的觀點而定。

就基督教的神學觀點而言，吳耀宗早在一九四六年提過基督教不但要爲眞理作見證，更要對所有的罪惡作出挑戰，他說：

> 基督教要自由、平等、博愛，要向現狀挑戰，要在進步革命的歷程中做動力、做麪酵、做光、做鹽。但世界的進步，沒有止境，罪惡的勢力，也沒有止境。基督教要推動歷史，改進社會，但它同時也要對每一個時代，每一個集團的罪惡挑戰——它對「新」時代是這樣，對「舊」時代是這樣，它對「反動」的集團是這樣，對「革命」的集團也是這樣。在基督教的崇高理想之下，一切都只是相對的。[74]

當然，教會如要作先知就必須有「超然」的立場，但是到了一九四八年，吳耀宗卻指責美國「新正統派」神學所提倡的「超然」主義。這種超然主義警告人們：「不要像納粹主義那樣，把國家和種族當作上帝，也不要像共產黨那樣，把無產階級和共產主義當作上帝。」[75]吳耀宗認為「新正統派」的這種思想本身也受到他們社會階層的意識形態所支配，而使得「西方的基督教無形中做了社會變改的阻力，做了保守力量的代言人。」[76]所以對吳耀宗來說，現在中國必須先走上共產主義革命的道路，才能作眞正先知。也就是說，我們只能站在社會主義的立場上，才能作出正確的社會先知的職責。那這樣先知的職責的正當性，就要視乎所站的是那一個現實的政治觀點而定。

當然，吳耀宗持著這樣的觀點，並且把社會主義的立場絕對化之後，他同時也失去了基督教先知應有的立場。因為在其後半生，我們沒有見過他對中國共產黨作出任何反省，更不用說作出善意的批評。而基督教對社會主義和中國共產黨，除了配合和全力支持外，到底有甚麼獨特的貢獻呢？吳耀宗也沒有再提出新的觀點。

此外，吳耀宗這樣與政府立場認同的態度，與康士坦丁統治之下的基督教甚為相似，正如中華福音神學院周學信講師指出當時「教會與國家」的關係模式是：

> 教會對政府的觀點改變了，君主權力不再被視為惡魔，反而被當成是站在神這一方面的。康士坦丁之下的基督教會變成教會與政府的一個婚姻模型，也就是說屬世和屬靈兩個權力融合在一起，而基督教扮演全民宗教，淨化政治權力和使己建立的制度合法化的角色。[77]

吳耀宗對政黨的認同、擁護，可能已不知不覺地受到政黨的擺布。此外，他對基督教與共黨理論整合的過程，使基督教簡化成一種意識形態的社會哲學，除去了基督教本身超越歷史和世界的宗教成分。就基督教而言，確是一種妥協。

當然對中國教會而言，如何正確的理解和實踐「教會與國家」的關係模式，也就是說如何選取和面對「政教」合一或分離的問題上，尚算起步。其中要面對的困難也不獨是單純的神學思維，更是現實的政治思考。只是從他的個案，我們可否反省和探討出一套政治神學的觀點，一個「政教模式」的關係，既能保存基督教信仰的核心，又能在中國現實政治的體制下作出相當的貢獻。這是今天中國教會要面對的時代責任了。

## 第十章註釋

1.林榮洪：《風潮中奮起的中國教會》，頁135。

2.同上書，頁182～184。

3.同上書，頁184～186。

4.同上書，頁186～189。

5.同上書，頁220。

6.吳耀宗：「宗教的將來」，《社會福音》，頁158。

7.吳耀宗：「社會福音的意義」，《社會福音》，頁1～2。

8.張月竹：「吳耀宗先生早期的信仰與思想主張」，《金陵神學誌》，第十期(1989・1)，頁18。

9.同上書，頁17。

10.吳耀宗，《沒有人見過上帝》，頁15。

11.同上書，頁3。

12.同上書，頁4～5。

13.同上書，頁14。

14.Wu Y. T., "Christianity and China's Reconstruction", *Chinese Recorder,* Vol. 67, p.208.

15.吳耀宗：《沒有人見過上帝》，五版序，頁3。

16.同上書，頁6。

17.Wu Y. T., "Christianity and China's Reconstruction", *Chinese Recorder,* Vol. 67 p.207.

18.吳耀宗：《沒有人見過上帝》，頁7。

19.同上書，頁8～9。

20.吳利明：《基督教與中國社會變遷》，頁78。

21.同上書，頁20。

22.謝扶雅，生於一八九二年，浙江人。曾留學日本東京，後往美國芝加哥及哈佛大學攻讀。返國後，謝氏曾任全國基督教青年協會幹事；曾歷任前嶺南、中山、金陵諸大學教授，生平著作甚多。參謝氏自傳，《巨流點滴》（香港基督教文藝出版社，1970）。參林榮洪：《風潮中奮起的中國教會》，頁210。
23.謝扶雅：「吳耀宗與斯賓諾沙哲學」，頁3。
24.吳耀宗：《沒有人見過上帝》，頁22。
25.同上書，頁25。
26.同上書，頁106～107。
27.Wu. Y. T., "Christianity and China's Reconstruction", *Chinese Recorder,* Vol. 67, p.208.
28.吳利明：《基督教與中國社會變遷》，頁81。
29.吳耀宗：《沒有人見過上帝》，頁93～94。
30.Wu Y. T., "Christianity and China's Reconstruction", *Chinese Recorder,* Vol. 67, p.209.
31.吳耀宗：《大時代的上帝觀》，頁40～41。
32.張月竹：「吳耀宗先生早期的信仰與思想主張」，《金陵神學誌》，第十期(1989．1)，頁18。
33.同上頁。
34.吳耀宗：《大時代的上帝觀》，頁38～39。
35.吳耀宗：「基督教信仰的本質及其在大時代中的意義」，《基督教與新中國》(1940．6)，頁269。
36.張月竹：「吳耀宗先生早期的信仰與思想主張」，《金陵神學誌》，第十期(1989．1)，頁18。
37.吳耀宗：「三十年來基督教的思潮」，《光明與黑暗》，頁190。
38.吳耀宗：《沒有人見過上帝》，頁68。
39.吳耀宗：「耶穌失敗了麼」，《光明與黑暗》，頁34。
40.同上頁。
41.同上文，頁34～35。
42.同上文，頁35。
43.同上頁。
44.同上頁。
45.吳耀宗：「基督教信仰的本質及其在大時代的意義」，《基督教與新中國》(1940．6)，頁272～273。

46.同上頁。
47.吳耀宗：「我已經勝了世界」，《光明與黑暗》，頁133。
48.吳耀宗：「基督教信仰的本質及其在大時代中的意義」，《基督教與新中國》(1940．6)，頁270。
49.同上頁。
50.吳耀宗：《沒有人見過上帝》，頁62～63。
51.吳耀宗：「黑暗後的黎明」，《光明與黑暗》，頁54。
52.吳耀宗：《沒有人見過上帝》，頁63。
53.吳耀宗：「黑暗後的黎明」，《光明與黑暗》，頁56。
54.同上頁。
55.吳耀宗：「愛的福音」，《光明與黑暗》，頁28。
56.同上頁。
57.同上文，頁27。
58.同上文，頁28。
59.吳耀宗：「耶穌有沒有恨」，《光明與黑暗》，頁154～155。
60.吳耀宗：《大時代的上帝觀》，頁23。
61.同上頁。
62.吳耀宗：「三十年來基督教的思潮」，《光明與黑暗》，頁27。
63.吳耀宗：「基督教的使命」，《光明與黑暗》，頁17。
64.吳耀宗：「歷史在飛躍地前進」，《天風》，第二八二期，頁2。
65.吳耀宗：「基督教的時代悲劇」，《天風》，第一一六期，頁4。
66.吳耀宗：「人民民主專政下的基督教」，《天風》，第一七七期，頁4。
67.吳利明：《基督教與中國社會變遷》，頁85。
68.吳耀宗：「新中國的誕生」，《天風》，第一九四期，頁7。
69.吳耀宗：「人民民主專政下的基督教」，《天風》，第一七六期，頁3。
70.吳耀宗：「對於接受美國津貼的基督教團體處理辦法的認識」，《天風》，第二十六期，頁14。
71.吳利明：《基督教與中國社會變遷》，頁116。

72.吳耀宗：「基督教的改造」，《天風》，第一七三期，頁10。

73.吳利明：《基督教與中國社會變遷》，頁120。

74.吳耀宗：「基督教的使命」，《光明與黑暗》，頁19。

75.吳耀宗：「基督教的時代悲劇」，《光明與黑暗》，頁181。

76.吳耀宗：同上文，頁182。

77.周學信：「政教關係之歷史淵源」，《基督徒與政治學術研討會會議手冊》，頁11～12。

# 結論

正如序言中指出，吳耀宗確是中國教會史上備受爭議的領袖。故此，要對他作出中肯的評價實在不易：如梁家麟所暗示的，華人教會在評論三自運動期間的宗教人士，往往先設定一個二分法的善惡標準，甚至有預設某種陰謀理論。[1]又如吳利明所指，對吳耀宗的批評，甚至指責，往往「視乎各人所持不同的觀點，以及各人對共產主義和對基督教不同的看法……許多的批評和指責，都是出於一個假定，就是共產主義和基督教是兩不相容。」[2]

然而，對吳耀宗的爭議大致可分爲以下三方面。第一、他與共產黨那種微妙與獨特的關係；第二、他結合了基督教和共產主義來策劃和推動「三自愛國運動」，使中國教會全力支持和配合中國共產黨的領導；第三、他救贖觀念的神學含義，是否符合基督教信仰。

首先，在評論他的身分時，有人視他爲投機分子，有人視他爲共產黨員，有人視他爲不信派（自由派）的基督徒，這些都是屬於摹仿性(caricature)的批評。從他的生平來看，本文清楚地看到他歸信與獻身的過程有著一般基督徒歸依(conversion)

的經歷，只是對於一個愛國的基督徒，面對當時中國的內憂外患，他的一生的確存著救亡圖存的情懷。因此爲了替中國社會尋找出路，爲中國的基督教尋出她的社會含意，促使他認同自由派的神學立場和思想，進而能正面回應中國共產主義。故可被認爲是一個「基督教社會主義」倡導者。

對吳耀宗被視爲投機分子這問題，吳利明認爲吳耀宗對共產主義所採的立場，並不是一時的決定，而是經過長期對一連串問題的思想而作出的，甚至是在共產黨極不友善的政治氣氛中，作出他的決定。[3]事實上，吳耀宗確實不是共產黨員，他只是爲了取得中共的信任，於是其政治立場就變得鮮明。故此，我們極其量只能說他是中共的同路人。也就是說，**吳耀宗在他的救國情懷裏，找到基督教「救贖中國」的時代使命，並視中國共產黨是完成使命的同路人。**[4]

其次，在吳耀宗全力推動「三自愛國運動」的事情上，是否反映出他對中國共產黨的領導過於「簡單化」、高估共產黨的本質和能力，而認爲中國共產黨能帶來天國的實現？雖然吳耀宗在接受共產黨的理想和認同其革命的方式上，有其實用主義(Pragmatic)的作用，但對其能否達到一致的目標，是否也過於理想化？認爲人類歷史發展的過程是二分法（即舊制度、新制度；資本主義、社會主義），只要在制度、組織、技術和思想上取共產主義的立場，必然帶進天國的實現。吳耀宗這種對中國共產黨的認同，無疑讓中國教會得以在共產主義下合法存在，但是否也讓教會失去了她在時代中所扮演的先知角色，並且使中國教會出現「教會國有化」的危機，進而使教會內教派的神學爭論與政治建構問題糾纏在一起？[5]對吳耀宗本人來說，這些疑問確實令他失去了反省的能力和批評的立足點。

最後，吳耀宗的救贖觀點，確是對基督教的社會倫理作出强而有力的闡釋，他更非常强調基督教的社會力量(social force)。故不少神學家視他的神學工作爲「處境化」(contextualization)神學。如丁光訓所指，吳耀宗的神學處境化工作與中國人民的解放事業有機地結合，在關心社會、政治、經濟解放的問題上，重讀聖經去論證福音的社會責任。[6]所以從本文中可清楚的看到，吳耀宗的處境化工作已演變成爲一種「政治神學」(Political Theology)。而所謂「政治神學」就是强調新約中所應許的天國，其中的自由、和平、正義、復和，並非單靠個人的努力和個人長期對自由、和平的內省與屬靈化所能達到，反之必須同時關注當前政治和經濟的局面。[7]雖然吳耀宗所代表的神學處境化，對中國基督徒具有現實意義，並且具有解放神學演化的前驅作用，[8]但當他與馬克斯主義的意識形態政黨結合時，其神學工作卻出現政治化的危機，反而未必能有效的作出基督教「政治神學」實踐的成果。

《委曲求全》(Seeking the Common Ground)的作者威奇里(Wickeri)曾指出「吳耀宗對宣教運動和教會的批評是跟著馬克斯的路線走，但他的神學的產生卻是他自己與上帝的角力，和從中國情境下得到的聖經亮光而來的。」[9]威奇里的分析意味著把吳耀宗的思想分作兩方面，前者是受馬克斯思想所主導，後者卻是他個人對福音的領受。這樣分隔吳耀宗的神學思想並不全然正確。基本上，吳耀宗早就運用他那改造社會的神學精神，來批評宣教運動，不單視該運動與帝國主義相結合，更視從其中所發展出來的神學，成爲支持反動的保守勢力。另一方面，本文已分析了吳耀宗眼中的「中國情境」而曉得他借用了不少馬克斯的歷史發展理論，所以若根據威奇里的說法，吳耀宗的神學同樣受馬克斯主義所啟發。在面對「神學處境化」的課題上，本應對經文作信心的釋義(the faithful exegesis of the text)，進而才與人類的處境相遇和對話。[10]但吳耀宗似乎較偏重於人類的處境，並以此來作釋義的工作。

吳耀宗所提出的「基督教救國論」，確實承接了中國教會在二十世紀初對社會的關注，本著自由神學(Liberal Theology)的立場，使基督教成爲一股社會改革的精神力量，並賦予基督教信仰工具性的意義和實用性的應用。吳耀宗所提出的救國方案也能切合當時中國的一些知識分子所關注的社會論題，但他並非如部分教會人士以救國方案作爲一種宣教策略，藉此來吸引中國人歸信基督。他只討論作爲一個中國基督徒應有的社會責任。也許這是基於吳耀宗對宗教的理解，就是宗教本身並不重要，重要的是宗教的社會精神力量。這使基督教的信仰成爲一套意識形態的信仰，一種人本主義的社會精神力量，扭曲了基督教信仰的眞義。

此外，吳耀宗亦坦白承認基督教本身並沒有一套明確的救國方案，只存在著一些革命的精神力量，如早期他所關注的人格重建的力量，接著是唯愛主義理想，最後卻是如何以宗教革命的精神來配合共產黨的革命。然而在討論基督教的革命與共產主義的革命時，吳耀宗沒有明確的驅分兩者的實質差別。更何況當時的中國到底是否一場革命？或者僅是一個內戰的問題呢？若中國共產黨確實發動史無前例的人類歷史革命，那基督教在中國的社會運動中到底有何具體的貢獻呢？吳耀宗明顯的沒多作討論，只是堅定的支持和配合中國共產黨的一切社會政策。

吳耀宗一直所探求的救國方案，確實能反映出百年來中國人心靈內的掙扎，這樣的掙扎直到今天仍然存在。特別在對民主、開放、改革的需求下，這樣的探求必然更深、更廣的被討論和研究。就如今天所提倡的「民主救國」、「福音救國」、「台灣模式救國」等，但在現實的社會裏，隨著歷史的演變和政治的變動，我們是否眞能尋索出一套完善的救國理論呢？救國論眞的存在嗎？

## 結論註釋

1. 梁家麟：《福臨中華》，頁189。
2. 吳利明：《基督教與中國社會變遷》，頁73。
3. 同上書，頁117。
4. 形容吳耀宗爲中共的同路人，最早可見丁光訓的文章。參丁光訓：「先進的吳先生」，《回憶吳耀宗先生》，頁91。
5. 淪之：「宗教與民主社會的自由建構——托克維爾與帕森斯的論點」，《道風漢語神學學刊》，復刊號第一期，頁304。
6. 丁光訓：「今天我們向吳耀宗先生學習甚麼？」，《金陵神學誌》，第十期(1989・1)，頁3。
7. Sinclair B. Ferguson, David F. Wright ed., *New Dictionary of Theology,* p.521.
8. 丁光訓：「先進的吳先生」，《回憶吳耀宗先生》，頁91。
9. Wickeri, Philip Lauri, *Seeking The Common Ground,* p.124.
10. Sinclair B. Ferguson; David F. Wright ed., *New Dictionary of Theology,* p.165.

# 書目

## 吳耀宗主要著作

本書目主要取自吳利明所著《基督教與中國社會變遷》頁127～132，經筆者加以補充，並按出版年份排列。

除了《沒有人看見過上帝》一書外，吳耀宗寫的都是零散文章。《社會福音》和《黑暗與光明》兩書實際上都是結集。因爲《社會福音》一書中各篇文章的題目可以幫助我們了解吳耀宗所關心的問題，故此將這些文章列出。


「犧牲」，《生命》，第一年第五期（1920・12），頁4。

"The Chinese Student Christian Movement", *Chinese Recorder,* Vol. 54 (1923), pp.468～73。

"Modern Student Life", *Chinese Recorder,* Vol. 54 (1923), pp.473～8.

"Student Life Problem", *Chinese Recorder,* Vol. 54. (1923), pp.478～84

"Our Message", *Chinese Recorder,* Vol. 54. (1923), pp.485～9.

「耶穌——我們」，《眞理週刊》，第一年第四十五期（1924・2・3），版三。

「今日基督教運動的趨勢及其危機」，《眞理週刊》，第二年第五期（1924・9・27），一～二版。

「一瞬間的感想」，《眞理週刊》，第二年第八期（1924），版二。

"China and the Federation", *Student World,* Vol. 18 (1925), pp.184～7.

"Confucius and Christ: A Personal Experience", *Student World,* Vol. 18 (1925), pp.80～2.

「短論」，《眞理與生命》，第二年第二期（1927），頁407～410。

"The Revolution and Student Thought", *China Mission (Christian) Year Book* (1928), pp.223～34.

"Youth and the Church", *China Mission (Christian) Year Book,* (1929), pp.300～7.

"Can Modern Man Be Real Christians", *Chinese Recorder,* Vol. 55 (1929), pp 687～90.

「對五年運動的感想與希望」，《眞理與生命》，第四年第四期（1929），頁16～18。

「東北旅行的感想」，《眞理與生命》，第四年第十期（1929），頁11～14。

「中國基督教學生運動當前的事業」，《眞理與生命》，第四年第十四期（1929），頁3～10。

"How One Christian Looks at the Five Year Movement", *Chinese Recorder,* Vol. 61 (1930), pp.146～8.

「我經驗中的信仰」，《同工》（1930・11）。

"Movement Among Chinese Students", *China Mission (Christian), Year Book* (1931), pp.259～74.

「一個美麗的夢」，《社會福音》（1931・4），頁79～84。

「宗教的將來」，《社會福音》（1931・4），頁151～159。

「東北義勇軍」，《社會福音》（1932・9），頁151～159。

「上海事件與唯愛主張」，《社會福音》（1932・2），頁85～90。

「中國基督教往那裏去」，《社會福音》（1932・12），頁129～132。

「我們今日的使命」，《社會福音》（1937），頁133～142。

"Chinese Student in the Far Eastern Crisis", *Student World,* Vol. 26 (1933), pp.156～62.

"What Christianity Means to Chinese Students", *Student World,* Vol. 26 (1933), pp.188～95.

「中日衝突中精神的挑戰」，《同工》（1933・2）。

「鼙鼓聲中的唯愛」，《社會福音》（1933・2），頁91～96。

「國民最低的自我」，《社會福音》（1933・6），頁71～74。

「境變與婚姻問題」，《社會福音》（1933・10），頁61～70。

「和平的代價」，《社會福音》（1933・11），頁97～100。

"Make Christianity Socially Dynamic", *Chinese Recorder,* Vol. 65 (1934), pp.7～11.

"Reconciliation and Revolution", *Chinese Recorder,* Vol. 65 (1934), pp.300～3.

「我宗教思想的變遷」，徐寶謙編：《宗教經驗譚》，青年叢書2/2，（1934）。

「中國的危機與世界局勢」，《社會福音》（1934・1），頁33～42。

「青年的出路」，《社會福音》（1934・1），頁43～54。

「唯愛與社會改造」，《社會福音》（1934・1），頁101～116。

「社會福音的意義」，《社會福音》（1934・2），頁1～26。

「社會福音與個人福音」，《社會福音》（1934・3），頁27～32。

「『出路』又一解」，《社會福音》（1934・4），頁55～60。

「基督教與共產主義」，《社會福音》（1934・4），頁117～128。

「我們怎樣組織」，《社會福音》（1934・4），頁143～150。

《社會福音》，上海青年會（1934・8）。

"Present Day Authors and Thoughts", *Chinese Recorder,* Vol. 66 (1935), pp.21～2.

「青年會與現代青年」，《同工》（1935・7）。

"Whither the Chinese Church", *Chinese Recorder,* Vol. 57 (1936), pp.71～4.

"Christianity and China's Reconstruction", *Chinese Recorder,*Vol. 67, pp.208～15.

「非常時期中青年和社會改造之程序」，《同工》（1936・10）。

"Should Christianity Concern Itself in Social Reconstruction", *Chinese Recorder,* Vol. 68 (1937), pp.21～4.

"The Orient Reconsiders Christianity", *Christian Century,* Vol. 54 (1937), pp.835～8.

"Students and the Church in China", *Student World,* Vol. 31 (1938), pp.300～7.

"The Kingdom of God and the Ecumenical Movement", *Chinese Recorder Vol.* 70 (1939), pp.643～8.

「基督教信仰的本質及其在大時代中的意義」，《基督教與新中國》，青年協會書局（1940・6）

《沒有人看見過上帝》，上海青年協會（1943）

這是吳耀宗惟一有系統的著作，主要是要闡明他對基督教信仰的認識。這本書只有一百頁，是吳耀宗希望有機會去寫的一本較為詳盡的書的大綱。但是，他似乎沒有機會去完成這本巨著。

「歐遊觀感」，《天風》，第九十三、九十四期（1947），頁5～8，頁7～10。

「從基督教觀點看現實」，《天風》，第九十八期，頁4～7。

「一個基督徒的自白」，《天風》，第一〇二期，頁4～8。

「『天風』，『風』向那裏吹」，《天風》，第一〇三期（1948），頁4～5。

「我已經戰勝了世界」，《天風》，第一〇五期，頁7。
「中國學生運動的回顧與前瞻」，《天風》，第一〇九期，頁4～6。
「基督教時代的悲劇」，《天風》，第一一六期，頁1～4。
「基督教的改造」，《天風》，第一七三期（1949），頁8～10。
「人民民主政權下的基督教」，《天風》，第一七六期，頁3～4；第一七七期，頁3～4。
「世界和平大會的印象」，《天風》，第一八〇期，頁5～6；第一八一期，頁6～9。
「新中國的誕生」，《天風》，第一九四期，頁6～8。
《黑暗與光明》，青年協會書局（1949・12）。
《基督教講話》（1950）
「『天風』，第二百期」，《天風》，第二〇〇期（1950），頁2～3。
「基督教訪問團華中訪問記」，《天風》，第二〇四期，頁5～7。
「展開基督教革新的旗幟」，《天風》，第二三三期，頁11～16。
「怎樣推進基督教革新運動」，《天風》，第二三七期，頁3～4。
「帝國主義垂死的掙扎」，《天風》，第二三九期，頁4。
「中國基督教的新生」，《天風》，第二六六期，頁1～4。
「共產黨教育了我」，《天風》，第二七一期，頁6～7。
「八個月來革新運動的總結」，《天風》，第二七二期（1951），頁14～16。
「控訴美帝利用改良主義侵略」，《天風》，第二七六期，頁8～10。
「對於接受美國津貼的基督教團體處理辦法的認識」，《天風》，第二七六期，頁13～14。
「歷史在飛躍地前進」，《天風》，第二八三期，頁2。

「建造一個更強大的和平陣線」，《協進》（1952・6）。

「在毛澤東思想領導下把基督教三自革新運動推進一步」，《光明日報》（1952・6・30）。

「爲制止細菌戰給美國基督教徒的公開信」，《協進》（1953・4）。

「新生的基督教在反帝國的大道上前進」，《光明日報》（1954・10・30）。

「愛國就是愛社會主義的祖國」，《人民日報》（1956・2・11）。

「剝去帝國主義的宗教外衣」，《人民日報》（1959・5・1）。

「揭露美國利用基督教進行侵略活動的陰謀」，《人民日報》（1959・5・4）。

「基督教在新中國」，《中國新聞》（1959）。

「基督教要努力進行自我改革」，《人民日報》（1960・4・9）。

「記念周恩來同志誕辰八十一週年」，《上海文匯報》（1979・3・5）。

## 其他參考書目

Howard Boorman ed., *Biographical Dictionary of Republican China (BDRC) Ⅲ* (N.Y: Columbia University Press, 1967), Wu Yao-tsung, pp.457～460.

J.C. Brauer ed., *The Westminster Dictionary of Church History* (Philadelphia: The Westminster Press, 1971).

Wickeri, Philip Lauri, *Seeking the common ground: Protestant Christianity, the Three-self Movement and China's United Front* (MaryKnoll, N.Y.: Orbis Books, 1989).

Sinclair B. Ferguson; David F. Wright ed., *New Dictionary of Theology* (Inter-Varsity Press, 1988.)

中國基督教三自愛國運動委員會編：《回憶吳耀宗先生》（中

國：中國基督教三自愛國運動委員會，1982）。

吳利明：《基督教與中國社會變遷》（香港：基督教文藝出版社，1981）。

林榮洪：《王明道與中國教會》（香港：中國神學研究院，1982）。

林榮洪：《風潮中奮起的中國教會》（香港：天道書樓，1980）。

郭廷以：《近代中國史綱》（香港：香港中文大學，1986）。

梁家麟：《福臨中華——中國近代教會史十講》（香港：天道書樓，1988）。

福音證主協會，中國福音事工部編著：《中國教會知多少？》（香港：福音證主協會，1988・10）。

劉先康：《聖靈興起——中國教會復興時代的事工與教義》（台灣：台灣浸信會出版社，民國78・5）

蕭楚輝：《奮興主教會》（香港：證道出版社，1989）

丁光訓：「今天我們向吳耀宗先生學習甚麼？」，《金陵神學誌》，第十一期（1990・2），頁1～5。

丁光訓：「思想不斷更新的吳耀宗先生」，《金陵神學誌》，第十一期（1990・2），頁6～12。

余達心：「談近代西方神學思潮之十四」，《今日華人教會月刊》（1980・8），頁31。

李伯雄：「五十年代的三自運動」，《中國與教會》，第八期（1980・3～4），頁5～7。

邢福增：「二十世紀初年的『基督教救國論』（1900－1922）——中國教會回應時代處境一例」，《中國神學研究院期刊》，第十一期（1991・7），頁39～99。

沈德溶：「吳耀宗小傳」，《天風》（1985）：第四期，頁20～25；第五期，頁25～26；第六期，頁23；第七期，頁19～20；第八期，頁20～21；第十期，頁22～23；第十三期；第十二期，頁19～20。（1986年）：第一期，頁21～23；第二期，頁14～15；第三期，頁20～21；第四期，頁17～19；第五期，頁15～17。

沈德溶：「吳耀宗與唯愛主義」，《天風雜誌》，第九期（1989），頁8～11。

周學信：「政教關係之歷史淵源」，《基督徒與政治——學術研討會會議手冊》（台北：士林靈泉堂，民國79・11・20～23），頁8～21。

查時傑：「中國基督教人物小傳：吳耀宗（1893－1979）——中國教會史上最備爭議的教會領袖」，《基督教論壇》（台北：民國77・1・17起連載五十三週）。

查時傑：「中共三自愛國與基督教本色化運動關係初探」，《基督教與中國本色化》（台北：宇宙光，民79・3），頁706～731。

梁家麟：「當代知識分子對基督教與救國問題的反省」，《中國神學研究院期刊》，第十期（1991・1），頁27～49。

張月竹：「吳耀宗先生早期的信仰與思想主張」，《金陵神學誌》，第十期（1989・1），頁16～23。

渝之：「宗教與民主社會的自由建構——托克維爾與帕森斯的論點」，《道風漢語神學學刊》，復刊號第一期（1994夏）頁275～308。

趙志邦：「民國人物小傳——吳耀宗」，《傳記文學》，劉紹唐主編，第五十四期，第一册（民國79・1），頁146～150。

盧昭靈：「三自愛國運動成立過程始末」，《景風》，第七十三期（1983・2），頁16～31。

盧昭靈：「三自愛國運動和三反五反」，《景風》，第七十四期（1983・6），頁1～11。

盧昭靈：「三自愛國運動的歷史根源」，《景風》，第六十七期（1981・9），頁8～20。

盧昭靈：「三自愛國運動的社會背景」，《景風》，第七十期

（1982·6），頁1～17。

盧昭靈：「三自愛國運動宣言的來龍去脈」，《景風》，第七十一期（1982·9），頁1～25。

盧昭靈：「吳耀宗的最終歲月」，《景風》，第七十二期（1982·12），頁33～39。

謝扶雅：「吳耀宗與斯賓諾沙哲學——記吳氏宗教思想轉變的關鍵」，《景風》，第七十三期（1983·3），頁1～7。

譚偉康：「中國基督教三自愛國運動的保姆——吳耀宗小傳」，《中國與教會》，第七期（1979·11～12），頁6～8。

# 作者簡介

**謝龍邑**

1961年生於香港

廣東揭陽人

國立台灣大學社會學系法學士

中華福音神學研究院道學碩士

**曾任**

香港伯特利教會慈愛堂傳道

中國宣道神學院「中國當代神學」客座講師

香港神召神學院「中國教會人物簡介」客座講師

**現任**

台灣基督教改革宗長老會東光教會傳道

已婚，妻許麗貞

專職輔導工作，現進修神學

育有一子，取名梓楓